JN247653

スマホひとつで最高の売上をつくる接客術

はじめに

はじめまして。
ヨツモトリョウヘイです。

長年トップ販売員として実績を積み、今は現場を離れてさまざまな形でアパレル業界に携わっていて、店舗の売上を向上させるリテールコンサルタントの仕事をメインにしています。

また、販売員という職業に就く人すべてを応援するWEBメディアを主宰していることも、現在の僕の代表的な仕事のひとつです。

この本は、みなさん自身、もしくは一緒に働く仲間に多くいるであろう“デジタル業務に苦手意識を持った販売員”の、「わからない」「難しそう」に応えていくことで、意識を根こそぎ変えていき、明るい未来への成長を目指していきたいと思っています。

ここで言う“デジタル”とは、**スマートフォンやタブレット、パソコンを使う業務**です。
日々、店舗での仕事において売上をパソコンにデータ入力していたりするかもしれませんが、そういった業務を指すのではありません。

スマートフォンやタブレット、パソコンといったツールを用いて、“お客様に対しオンライン上で接客を行うこと”です。
僕は今後、このことを「**デジタル接客**」と呼びます。

さらに、みなさんが一番なじみのあるツールはスマートフォン（以降「スマホ」と略）だと考えているので、基本的にはそれを想定して話を進めます。

世の中では、予想以上に速いペースでオンライン化が進められているにもかかわらず、**アパレルやコスメをはじめとした接客業の現場では、新しいデジタル知識を習得する機会も十分に設けてもらえない**。
それだけでなく、いまだに店舗でスマホやタブレットを使用することはマナーとしてよくないと、禁止されている店もあります。
お客様はネットショッピングが当たり前の時代になり、Eコマースの売上はどんどん増えていく。
一方で、店舗への来店客はどんどん減り続け、前年の売上をキープするのが精一杯。

お客様自身はと言うと、今や店舗内でもスマホ片手に買い物を楽しんでいるような状況なのに……。

このような業界のあり方では、販売員の「もっといい売上を作りたい！」という頑張る気持ちにそろそろ限界が来てしまうのでは……と、率直に思いました。

なんせ僕も、もともとは典型的なデジタルアレルギーを持った販売員だったのです。

20年前、約10年間勤めていたポール・スミスでは、個人売上こそ全国で1位になりましたが、パソコン関連の業務はほとんど人任せ。
唯一できたのは在庫検索ぐらいでした。
接客のイロハを教えてもらったポール・スミスを退職し、起業したあと、パソコンこそ触れるようになれど、ネットサーフィンのほかメールとちょっとExcelを使う程度で、とてもデジタルに対応しているとは言えませんでした。

そんな僕の転機となったのは、自分の頭の中をクリアにするために5年前に始めたブログでした。

まだデジタル接客なんて考えもつかないような時代に、友人からすすめられて書き始めたのが、今思えばこの本へと繋がるスタートでした。

約1年間ブログを書き続け、ブログ型のアパレル販売員への情報発信WEBメディア「Topseller.Style」の運営を始め、SNSでの情報発信も頻繁に行うような生活に。
でも、そのときはまだオンライン上で接客をしている感覚は正直ありませんでした。

ようやく手応えをつかみ始めたのは、オンラインを通じて、アパレル企業だけでなく、他業界の「BMW Group Japan」からもコンサルタントオファーが入り出すようになってから。
デジタルアレルギーを解消し、販売員の未来の接客のあり方がイメージできるようになってきたな、と実感したのです。

それからは自分への自信も相まって、今まで経験してきたことをデジタルに活かす方法を、同じ悩みを抱えた販売員たちへと伝えたい気持ちが、よりいっそう強くなりました。
今回登場する、デジタルアレルギー持ちの販売員。

本書では架空であるものの、実はモデルがいるのです。
2019年の夏に、「接客にデジタルを使うイメージが湧かない」という悩みを抱えて僕に相談をしてきた女性の販売員がその人物。

本文に出てくる会話形式の部分は、**彼女と実際にやりとりをした内容を含んでいて、半分はノンフィクションな内容**になっています。
（もちろん本人の許可を得て掲載しています！）

彼女との出会いは、先ほどの僕の紹介としてちらっと出てきたWEBメディアでした。
販売員のための情報を発信しているWEBメディア「Topseller.Style」の中の、読者が集まる会員制オンラインサロン「Seller's Room」に加入してきたのがきっかけです。

「Seller's Room」は全国の現役販売員が集まっているグループで、メンバーは、まだ店舗に入りたての新人さんから販売員歴15年以上のベテラン店長まで、幅広い顔ぶれとなっています。
企業やブランドを超えて、現場ならではの情報交換や、現役だからこそ抱える悩みを聞きながら、経歴に関係なくメンバー全員でアドバイスをしていくなど、活発なコミュニケーションが日々とられているコミュニティです。

その中で、彼女もメンバーの悩みに対してアドバイスを送ったり、自分へのアドバイスもオープンに受け取ったりしていて、メンバーの中でも積極的に参加している子だなと思っていました。

とある日。
クライアントの研修を行う予定が入っていた店舗の近くに、彼女の勤務

する店舗があり、「休憩時間に相談を聞いてもらえませんか？」という連絡が届いたので、少し時間を作って会うことになったのです。

実際に対面して話してみても、ファッションと販売が大好き。
店舗でお客様と話すことを楽しみながらキャリアを積み上げてきたのがよくわかり、オンラインサロンで持った印象通りだったのですが……。

ひとつ、とても大きな不安を抱えていました。

「**アナログな自分は、会社がデジタル化へと進む中で取り残されていくのではないか**」

接客したお客様から「家でもう一度考えてからネットで買いますね」と言われることが年々増えてきていることや、勤務する会社がEコマースにどんどん力を入れ始めていることが原因でした。

さらに最近では、SNSアカウントを作ってフォロワーを増やして欲しいなどの指示も本部から店舗へと送られてくるように。
今までまったくやってこなかったうえに、ろくに指導も受けないまま、挑戦することへの不安……。

今まで自分がやってきたことを否定されたかのように思えたそうで、すっかり自信を失っている様子でした。

話を聞きながら、これは彼女だけが持つ不安ではなく、店舗で頑張る販売員の多くが、言葉にはしないまでも、潜在的に感じているのではないかと思うに至ったのです。

そんな思いもあって、そこから約1年、僕は彼女へいろんなことを伝えました。
今まで積み上げてきた経験を無駄にすることなく、すぐそこに迫っている新しい時代の接客、すなわちデジタル接客へと対応をできる方法を、少しずつ、少しずつ……。

最初は専門的な言葉を一切使わずに、最先端のデジタル機器・スマホを日ごろからすでに使いこなせていることの重要さを理解してもらうことに専念。
毛嫌いしていたデジタルへの苦手意識を和らげることから始めていきました。

それでもまだアレルギーは根強く残っていたようなので、アプローチを変更することに。

次に、今まで店舗で積み重ねてきた経験を、すべて文字へと書き起こして、"見える化"してもらいました。
その対象は、自分自身、お客様、商品。

一見すると遠回りに見えるようなやり方を、彼女へと伝授していきます。

すべてを言葉に置き換えて"見える化"する作業を行う最中、「これがデジタルにどう繋がるのですか？」と、疑問のひとつも僕に投げかけたっておかしくないのですが、彼女は持ち前の素直さと向上心で、一生懸命取り組んでくれたことを覚えています。

その後、この期間に取り組んでいたことがデジタル化へとどう繋がるのかを説明するときがやってきました。

苦手意識を払しょくし、今までの経験を無駄にすることなく、デジタルでも自分がやっていけるという期待が高まる瞬間。
ようやくここで、不安から興味へと気持ちが変化したようです。

興味を持ってくれるところまで到達したら、そこからの吸収はまるでスポンジのよう。
若い人の推進力はすごいです。
新しい知識を次々とモノにしていきました。

教えたことはすぐに実践してくれて、そこで新たに生まれた疑問を解消しようと、僕が当初考えていたペースを超えて、前のめりの姿勢で質問してくるようになりました。

僕は、アパレル業界に身を置いて20年ずっと、会社の本部ではなく、現場に立つ販売員のいる店舗にとっていいサイクルを生み出すには一体何がベストかということだけを考えてきたと言ってもいいぐらい、昔も今も店舗が大好きです。

もともとデジタルの領域で活躍し、経験を積んできたプロの視点ではありません。
でも、店が大好きだからこそ、僕のような店舗で経験を積んできた元デジタル素人にしか伝えられないことがある。
そう考えています。

自分なりに導き出したデジタル接客への近道を、モデルの女性と同じように、本を手に取ってくれたあなたにも伝えたい一心で書き進めました。

今はまだ、デジタルへの不安はもちろん、「“見える化”って何？」「具体的には何をするの？」とわからないことだらけだと思います。
でも読み終わる頃には、1年後の彼女と同じように、デジタルに興味が湧くだけでなく、さまざまなツールを使いこなし、オンライン上でお客様を接客するすべを手に入れていることでしょう。

あなたにも、彼女と一緒にこの物語の主人公となり、スマホひとつで最高の売上を作る方法を学んで欲しい。

そして、**アパレル業界の明るい未来を切り開く、次世代の販売員へと成長して欲しい**。

さぁ、ここで学んだことをしっかりと実践する心意気で、Lessonを始めましょう！

Contents

Lesson 3 これからの時代の評価基準を正しく知る …… 051

Lesson 4 デジタル接客を始める前に覚えておきたい心得 …… 069

Lesson 5 自分らしいデジタルプラットフォームを選ぶ …… 095

イラスト 山内庸資
デザイン 柏倉美地（細山田デザイン事務所）
編集協力 諌山 力（knot）
校閲 鷗来堂

知っておきたい基本用語

1 デジタル接客

さまざまなデジタルプラットフォーム上で行われる接客のことを、本書では定義します。販売員とお客様が、WEBにアクセスし、オンラインの状態であることが前提です。

2 デジタルプラットフォーム

デジタル接客をする際に使用する場所。InstagramやFacebookのようなSNSから、ZoomやLINEのようなデジタルコミュニケーションツールまで、想定される場所はどんどん広がりつつあります。

3 デジタルアレルギー

店舗の業務でパソコンを使うことが極端に少なかったこと、また世間でスマホが普及してネットの常時接続が当たり前になってからも、店舗では持ち込み禁止などが続いたことから、販売員は長らくデジタル機器に触れる機会が少ない環境にあり、そのために生まれた苦手意識。

4 オンライン

さまざまなデジタル機器を通して、WEB（インターネット）に繋がっている状態のこと。

5 見える化

話すことが得意な販売員が、お客様と話した内容や、セールスに繋がった接客などを、テキストとして書き起こすこと。また、他の販売員が見てもその内容への理解が可能で、共有できるように整えるまでの一連の流れを指します。

6 Eコマース

ネットショップ、WEBショップと、いくつか言い方がありますが、WEB上で商品の販売をする場所を、本書では一律Eコマースと定義します。

7 チャット

テキストを使って会話を行うこと。一般的に知られているものでは、LINEなどがあたります。

8 UGC

「User Generated Content」の略。本書では、お客様から発信される感想や口コミ（総じてコンテンツ）のことを指します。このUGCがオンライン上で多く発生することで、店舗やブランド、販売員の認知が大きく広がって行きます。

9 LINE@

店舗のアカウントを作成でき、お客様に友達登録していただくことで、店舗からのお知らせなどを通知できます。昨今、個人情報の関係で顧客名簿の管理が難しくなりましたが、LINE@であればお客様の登録へのハードルも低く、顧客管理の第一歩となるツール。

10 ブログ

WEB上での個人の日記を思い浮かべる人も多いかもしれませんが、本書では、販売員のトークや商品を“見える化”し、お客様に伝える際に使用するデジタルプラットフォームののことを指します。

11 売上

販売員が接客し、お客様が商品を選び、レジで入金していただいた際の金額をカウント。Eコマースでは決済が終了した時点で売上とカウントします。

12 MD

マーチャンダイジングの略。お客様が求める商品を店舗へと、適正な数量を、適正な価格で、適正な時期に届けられるよう、計画すること。

13 在庫管理数

店舗に納品され、在庫として持っている商品数。店頭に陳列している商品もカウントされます。

14 ニーズ

さまざまな解釈がありますが、お客様自身が自覚しており、今必要としているものを本書では定義します。

15 ウォンツ

さまざまな解釈がありますが、お客様自身はまだ気がついていないが、販売員が新しい提案をすることにより、お客様の未来をより良くする行動を本書では定義します。

登場人物紹介

指南する人
ヨツモトさん

少し前まで現場でバリバリ働いていた元トップ販売員。
アパレルスタッフ向けのWEBメディアやセミナーを運営するなかで、「これからの販売員はデジタル接客ができるようにならねばならない！」と思い立ち、そのノウハウを世の販売員たちへと伝授している。

新人販売員
メイちゃん

郊外の商業施設に入っている店舗で働く、接客歴１年目の販売員。
まだ経験が浅いため、店での接客方法に自信が持てなかったり、高売上をたたき出す先輩を横目に不安になったりもするが、持ち前の向上心で乗り切ろうと奮闘中。新しいことへのチャレンジ精神も人一倍ある。

以下メンバーはLesson5で登場！

デジタル接客・
テキスト編のエキスパート
マサトくん

都心部の百貨店に入っている店舗で働く、接客歴６年の販売員。観察眼が鋭く、お客様と触れ合うなかで気づいたことを逐一メモに残している。そのルーティンを店以外の場でも活かせないかと考え、ブログやチャットでの接客に踏み切り、結果を残している。

デジタル接客・
写真編のエキスパート
リコさん

セレクト系のアイテムを扱う路面店で働く、接客歴10年の販売員。昔から写真を撮ることが好きで、今は商品がもっとも“映える”ポイントを模索中。自身のInstagramで商品のセールスを始めたところ、「写真が分かりやすい！」「購入したくなるアカウント」と話題に。

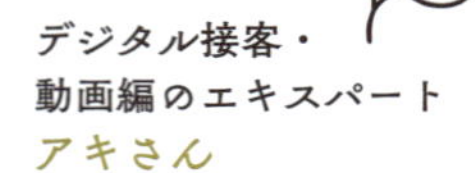

デジタル接客・
動画編のエキスパート
アキさん

地方のモール施設で働く、接客歴８年の販売員。YouTubeを観ていて「接客業に取り入れられるかも」と感じ、手探りでライブコマースをスタート。最近では視聴者数がメキメキと増え、配信で得たことを店舗接客でも活かすという、素敵な好循環が生まれている。

Lesson0

スマホひとつで始める次世代の接客

Lesson 0

オンライン上で商品を売る！未来の接客はスマホで行う

お客様がスマホ片手にショッピングを楽しんでいる今、これから必要とされるのは、店でもオンライン上でも商品を売ることができる人。
つまり、未来で求められる接客ができる人だよ。

売り場で日計表や個人売上を手書きで毎日書いている私が、オンライン上でも商品を売れるようになるなんて、想像がつかないです。私もスマホぐらいなら使っていますけど……。

スマホを使ってLINEで友達と連絡を取ったり、インスタ（Instagram）でイケてるカフェ探したりしてない？

それは毎日していますね！

だったら大丈夫！
スマホを使いこなしているなら、すでにオンラインも使いこなしていると言ってもいいぐらいだよ。

高校時代の仲良しグループとLINEのビデオ通話でグループトークをしたり、近くにおしゃれなカフェあるかな～ってインスタ検索したり……。
そう言われてみれば、普段からかなり駆使していますね。
もしかすると、自分が勝手に難しく捉えているから、オンライン上での販売に苦手意識があっただけかも……!?

スマホを普段何気なく使うあなたはすでに入口に立っている

豊富な商品知識とファッション知識、それに来店者のニーズを素早く読み取り、適切な接客で商品を買ってもらうことを得意とするアパレル販売員。
その勉強のためにスマホなどのデジタル機器を使うものの、店舗では触れる機会が少なく、そんなアナログな領域での仕事環境なのが影響してか、**“デジタルアレルギー”**が強い傾向にあります。

機械音痴でパソコンを触る機会もほとんどなく、SNSは身バレが怖いから見る専門……。
だから、最近のニュースサイトなどで見かけるアパレル業界のデジタル化に自分が対応できるなんて到底思えない。
できれば今のままであって欲しい……。
こんな印象を受けます。

でも、スマホは持っていますよね？
LINEで友人と毎日連絡を取り合っていますよね？
Instagramで気になる人の投稿をチェックしていますよね？

LINEだけでなく、SNS、Google検索、それにAmazonをはじめとしたネットショッピング。
これ、すべてデジタルです。

あなたの勝手な思い込みが“デジタルアレルギー”の原因なだけであって、実は今の私たちは、すでに意識しないままスマホを日常使いしている“デジタルエキスパート”と言ってもいいでしょう。

スマホを使えるなら誰でも、**オンライン上で商品を売ることができる、デジタル接客マスターになれる**素養を持っているわけです。

オンライン慣れしているお客様へ誰よりも早くアプローチ

「売れる人はとりあえず関係ないよね！」
“オンライン上でも商品を売ることができるデジタル接客の使い手になりたくないですか？”と聞くと、店舗で目立つ活躍をしてきた人ほどこんな答えが返ってきます。
でもこれは言い訳であって、**アパレル業界のデジタル化に不安を持っている**人が大半でした。

前述したように、普段スマホを使いこなせているならば、なんの不安を持つこともなくアパレル業界のデジタル化に対応できるはずです。

スマホ片手にショッピングを楽しんでいるお客様はすでにオンライン慣れしている人と言っても差し支えないのです。
いつまでもデジタルアレルギーを言い訳にしてはいけません。

今のうちに店でもオンライン上でもお客様に接客できる準備をすれば、これまでの売上に加えて、**新しい売上を誰よりも早く作ることができる販売員へと成長できます**。

今はまだピンときていないかもしれませんが、この本を読み進めていくことで、あなたがこれまでに接客してきた経験を、**オンライン上でも活かすことができる**ようになるので、安心してください。

売上は店舗だけではなくスマホの中でも作れる時代へ

そもそも“デジタル”って、難しいものではなく、今まであったものをより簡単に、よりたくさんの人に届けられるようにしただけです。

例えば固定電話や公衆電話がスマホに変わったように、“**世の中がデジタル機器のおかげでもっと生きやすくなった**”みたいなことをイメージしていただければ、わかりやすいと思います。

そうやって考えると自分にも使えそうだと思いませんか？

でも、それを毎日の店頭業務に置き換えると、どうしたらいいのかわからなくなってしまう。
そんなときは、日ごろ、友達とのコミュニケーションツールとして使っているLINEのビデオ通話を、接客に使うことをイメージしてみてください。
相手が友達からお客様に変わるだけ。
画面越しの遠く離れた人にまで接客ができるなら、来店客数が少なくても全く問題にならないですよね。

友達と連絡を取るために使っていたツールが、仕事で成績を上げるためのツールへ大変身するわけです。
こうして、売上に繋がるチャンスが増えていきます。

いくら接客が得意でも、お客様が来店しなければ意味がない。
でも接客がデジタル化していけば、**来店客数が少ない日もスマホひとつで売上がとれる**ようになれる。
店舗とスマホの両方で商品を売れる、最高の販売員になれるわけです！

「こんな夢のような話、起こるわけがない」
確かに今の状況を見ていると、そう思っても仕方がありませんよね。
店舗の中には、いまだに勤務中のスマホ使用をNGにしているところもありますし……。

でも、**お客様の買い物のスタイルが変化する中で、古い常識は捨てていかねばなりません**。
実際に外資系メーカーは、販売員全員に個人用のデジタルデバイスをいち早く支給し、それを用いて勤務時間中にお客様と積極的にコミュニケーションをとるよう、指導を始めています。

近い未来に、必ず、スマホを手に持った接客が当たり前となってきます。

販売員のデジタル接客って、ちょっと難しそうだけど、自分もお客様もハッピーになれる可能性がたくさんありますね！
スマホで商品を売れるようになったら、私の売上も2倍になるかもしれない…。
ということは、お給料も上がるかも……！

やっと話を聞く気になってきてくれたね！
でも、オンライン上でも商品を売ることができる接客は、基礎をしっかり身につけることが肝心。
まずはどういった販売スタイルが自分に合っているのかを探る方法から話していこうか！

よろしくお願いしま〜す！
これからのLessonに備えて、エナジードリンク補給します！

Point! ｜ Lesson0

- ネットショッピングにおいて、すでにスマホを使いこなしているあなたは、次世代の接客の素養がある“デジタルエキスパート”
- オンライン上で接客することに高いハードルを感じる“デジタルアレルギー”は、あなたの思い込みが原因である
- アパレル業界のデジタル化にも不安になることはない
- すでにオンライン慣れしているお客様へ接客できるようになれば、店舗に立たずとも、新しい売上を作れる
- 売上は店舗だけでなくスマホからも作る時代へ突入！

Lesson 1

販売員の3つのタイプ

Lesson 1

販売員タイプを知ることがはじめの一歩

ところで、店舗で接客を行う販売員は、3つのタイプに分かれているって知っているかな？

え、そんなの考えたことなかったです！
売れる人と売れない人……とかですか？

確かにそういった分け方もできるけど、それじゃあ大雑把すぎるよね？
実は、僕が長いあいだ販売員をやっていた経験と、アパレル系企業へのコンサルをやるようになって気づいたこととして、販売員は「問題解決型」「課題創出型」「未来ストーリー創造型」の3つのうちのどれかにあてはまると思うんだ。

なんだかどれも難しい用語ですね（笑）。
ちなみに私は、お客様の話を聞いてからじゃないと、相手の欲しい物がわからなくって。
先輩からもよく、聞き出しが甘いって言われます。
こういう人はどのタイプですか？

「問題解決型」だね。どうしてそう思うのかは、これからの解説でひも解いていくとして……。
自分がどのタイプなのかが頭の中に入っていると、最適で無駄のない接客スタイルで働くことができる。
感覚でできている人もいるかもしれないけれど、それはひと握り。
型を把握して、正しく動ける人こそ、売れるべくして売れる販売員なんだよ。
これは、物を売る仕事なら絶対に知っておいた方が得だと思う！

ぼんやり働いていちゃダメですね（汗）。

まさに。
もっと言うと、大きく3つに分かれるけれど、究極形はそのうちのひとつ。
それを目指す心を持つのは大事だね。

自分のこと、ちゃんと知りたいです！
教えてください！

よし！
では「そもそも販売員が大事にすべき習慣」と共に、さっそく見ていこうか。

アパレル業界のデジタル化で変わること・変わらないこと

ここでひとつ質問です。
アパレル業界のデジタル化が進んでいくにあたり、これから変わること、変わらないことはなんだと思いますか？

変わるのは、商品を販売する場所が実店舗からEコマースなどオンライン上に変わること。
それによって、お客様の買い物の仕方も変わってきます。

変わらないのは、お客様。
やりとりする相手がロボットになるわけではなく、オンライン上で買い物をしているのは、今まであなたが接客してきたのと同じ、お客様です。

接客する場所は変わるけれど、**接客する相手は一緒**。
つまり、接客の方法自体は今までと変わらない、むしろ変えてはいけない、というのは常に頭に置いておくべきです。

オンライン、WEB、デジタル……横文字が並ぶと、全く違う世界に思えるかもしれませんが、お客様が求めていることは実店舗と同じ。
こう考えると、高く思えていた"スマホを使う接客"というハードルが、一気に下がって見えませんか？

どこで接客しようと、販売員の基本は"見える化"

実店舗でもオンライン上でも、お客様への接客自体は何も変わらないとわかってもらえたかと思います。

そのうえで、自分をアナログだと思い込んでいた販売員が、これからデジタルに対応するために必要な準備がひとつあります。
今まで無意識に行っていた接客時の行動を、文字に起こしてみるのです。

例えば、店舗でお客様と話しているときに「なんだか今日、すごく上手なセールストークができている！」と思っていても、仕事を終え、家に着く頃には、話していた内容を忘れてしまっている経験は多いのではないでしょうか？
多分、大多数の人が半分も覚えていないと思います。

せっかく手応えを感じた出来事なのに、もったいない。
お客様が店を出られた直後に、いいと思ったトークをさっと10秒メモする。
これだけで、次のお客様を迎える自分への財産になるのに……。

"文字に起こす"="見える化"の習慣さえ身につけば、知らず知らずのうちに、スキルが勝手に伸びていくのです。

面倒なことも、結局は慣れ。
そしてこの習慣こそ、実はオンラインの世界における最強の武器。

お客様ひとりひとりに合わせて、とっさのリアクションでしゃべって、物を売ることは得意。
でも、話したことを文字に書き起こして"見える化"し、内容のどこに売れるポイントがあったのかを考えたり、復習したりするのは、ほとんどの人が不得意。

オンライン上で物を売るには、不得意を得意に変えていかなければならない。

相手の出方に合わせて話すことが難しい環境では、**商品の価値が適切に伝わる言葉・文字・数値を選択し、発信していかねばならない**からです。
どれを選択していけばいいのかは、それこそ経験値。
そう、習慣で積み上げた財産が、おのずと答えに導いてくれるのです。

だからこそ、オンライン上で接客をする準備として、まずはトークを“見える化”するところから始めていきましょう。
話した内容をメモするだけでいいのです。
それさえも面倒なら、**売りにつながったと思える言葉を、一日一言だけ**。
さぁ、スタート！

知っておけば接客が楽に！３つの販売員タイプ

「何に喜びを感じて販売員という仕事を選びましたか？」
こんな質問をされたら、どう答えますか？
「もともとファッションにすごく興味があって」
「人と話すのが好きで」
「売上がとれる瞬間がたまらなくて」
こんなところでしょうか？
でも、その答えはあなた自身の喜びであって、お客様の喜びではないですよね？

質問を変えましょう。
「どんな接客スタイルでお客様を喜ばせていますか？」
それを考えてみてください。

次に、それを文字に起こして書いてみてください。
頭の中で考えていただけのことを、改めて文字にして読んでみると、自分の接客の特徴がよりはっきりと見えてきませんか？

さらに、もし可能なら、できるだけ多くの同僚に同じ質問をして書いてもらい、自分が書き上げた内容と見比べてみてください。
そうすると意外にいくつかの共通点が見つかってくるのです。

僕が実践し、挙がった項目を分類してみた結果、販売員は大きく3つのタイプに分けることができると考えています。

「問題解決型」「課題創出型」「未来ストーリー創造型」の3つ。

それぞれにどんな特徴や共通点があるのか、じっくり見ていくと共に、自分はどれにあてはまるのか考えてみてください。

●問題解決型の販売員

お客様が抱えている問題を正確に読み取り、解決するのが得意な人です。

「おしゃれになりたい」「今度デートするときの服が欲しい」「これから訪れる寒い冬に着る服が欲しい」といった服を買う目的を、しっかりと頭に思い浮かべてやって来るお客様が対応しやすいと感じるなら、あてはまります。

ちまたによくある接客マニュアル本では、「お客様のニーズを引き出し、それを満たす商品を提案する」などの表現で書いてありますね。

3つのタイプの中で最も多いです。
自店で販売する商品の知識を豊富に持っていることが強みで、ある程度の目的をすでに持って来店してくるお客様に対して、決定率が非常に高いのが特徴として見られます。

反面、お客様の目的に沿った提案しかできないことも多く、単品販売で終わってしまうことが目につきます。
お客様からすれば、欲しいものは手に入るが、新しい発見には至らず物足りなさを感じる場合も。

販売経験がまだ浅い人や、商品の価格帯が低くアイテム数が多い店舗に勤務している人に多いタイプです。

●課題創出型の販売員

お客様自身が気づいていない課題を見抜き、丁寧な説明を行って、解決できる商品を提案することが得意な人です。

「今すぐに買わないといけない物はないけれど、自分の感性に響く商品が見つかれば買ってもいいかな」と期待を持ちながら、ふらっとウインドウショッピングをしているお客様を射止めるのが得意なら、あてはまります。

ちまたによくある接客マニュアル本では、「お客様のウォンツを創り出せ！」などの表現で書いてありますね。

“なんとなく欲しい物”を相手の言動から読み取って、うまく言葉に置き換えて提案し、新しい発見をしてもらうのが上手。
好みだけでなく、ライフスタイルまでもするすると引き出し、全く買い物をする気のなかった人が、気づけばアイテムを手にして笑顔で帰ってしまうことも。
ヒアリングスキルを味方にした高いプレゼン力が特徴として見られます。

反面、提案が強すぎて、お客様によっては強引・押し付けと感じられてしまうこともあるでしょう。

ある程度経験を積んでいる人や、来店数はそれほど多くはないが商品の価格帯が中高価格帯という店舗に勤務している人に多いタイプです。

●未来ストーリー創造型の販売員

お客様が抱える問題の解決方法を提案するだけに止まらず、“そもそもなぜその問題を抱えることになったのか”をひも解き、根本を解決するために必要なアイテムまでも**プラスαで提案することが得意な人**です。

「買い物に目的がある」「ふらっと来ている」、どちらのお客様にも対応できる。
ニーズをうまく捉えながら、同時にウォンツの提案もできる。
店の中で売上上位を争っているのなら、あてはまります。
ちまたによくある接客マニュアル本に限らず、世間で「カリスマ販売員」と呼ばれるのは、このタイプですね！

お客様の深いところにある欲求を読み取る能力に非常に長けており、買い物に来た目的に対して、適切な商品をもって応えるだけでなく、「それでしたら、これも加えるとこんなに素敵な未来になりますよ」と、目の前の相手のストーリーを即興で作り上げ、披露することが特徴として見られます。

このタイプは勉強家も多いので、ある意味、最強です。
豊富な商品知識や高いヒアリングスキルから生まれるプレゼンもさることながら、何よりも強烈なのは、“人への飽くなき興味”です。

「なぜこの人は今ここに来たのだろう？」「なぜこの人はこんな行動をとるのだろう？」「なぜこの人はこんな仕草をするのだろう？」……。
他の人が注目しないようなところまで興味を持ち、そこで得た情報から即座にお客様像をイメージできる特異なスキルを持ち合わせています。

実店舗では限りなく無敵のように思えるのですが、弱点も。
再現性が低い天才肌の人が多いため、自分自身のやっていること、強いセールストークの“見える化”を一番苦手としているのは、このタイプに多い傾向があります。
トレンドに敏感で努力も積み、日ごろの接客において直感的にできてしまう分、“見える化”の作業は無駄に思えて、つい怠ってしまうのかもしれませんね。

でも、**3つのタイプのうち目指すべきは、未来ストーリー創造型**であることには間違いありませんよ！

あなたは3つの中でどのタイプにあてはまりましたか？

今の自分がどんな販売員なのかの“見える化”により、次のタイプになるためには、何が足りていないのかが明確にわかったと思います。
自分をしっかりと言葉で表現できることが、このLessonでは重要です。
各タイプでプラスポイント、マイナスポイントがありますが、最終的にはプラスだけを吸収するつもりで、現状の足りないところを補っていってくださいね。

まずは、自分自身のやっている接客を文字で書き起こせるようになると、デジタル接客の入口が見え始めるんだ。

対面接客と同じアプローチじゃダメなんですね。

リアルでは自分の人柄も伝わりやすいけど、画面越しのお客様にはそれが伝わりづらくなる。
だからこそ最低限、自分のことを文字で伝えられるようになっておかないとね。

それが“見える化”かぁ……。
できるかなぁ？

大丈夫！
簡単な習慣だったでしょ？
それに3つのタイプのうち、なんで自分が「問題解決型」なのかも少し実感が湧いたはず。

「あてはまる！」って思うところ、ありました！
単品販売、耳が痛い……。

でも型がわかったら、実店舗でもオンライン上でも正しく戦えるようになるし、違うタイプがうらやましく思えるなら、成長するための方法を自分に問ういい機会にもなる。

そうですよね。少しずつだけど学べている気がする！

じゃあ次は、自分自身を“見える化”してみたように、接客にまつわるさまざまなことを“見える化”していこうか！

Point! | Lesson 1

- ☑ 商品を販売する場所が実店舗からオンライン上になり、買い物の仕方は変わっても、接客する相手は今までと同じ“お客様（人）”であることを忘れない
- ☑ 手応えを感じた接客トークは、すぐにメモ。“文字に起こす”＝“見える化”の習慣さえ身につけば、勝手にスキルアップ
- ☑ 販売員は「問題解決型」「課題創出型」「未来ストーリー創造型」の大きく3つのタイプに分かれる
- ☑ 「問題解決型」は、お客様が抱えている問題を正確に読み取り、解決するのが得意
- ☑ 「課題創出型」は、お客様自身が気づいていない課題を見抜き、丁寧な説明を行って、解決できる商品を提案することが得意
- ☑ 「未来ストーリー創造型」は、お客様が抱える問題の解決方法を提案するだけに止まらず、“そもそもなぜその問題を抱えることになったのか”をひも解き、根本を解決するために必要なアイテムまでもプラスαで提案することが得意。いわゆる「カリスマ販売員」とはこの人たち
- ☑ どれもメリット、デメリットがあるが、「問題解決型」→「課題創出型」→「未来ストーリー創造型」の順に、ひと通りタイプを習得できると、どんなフィールドでも戦える販売員になれる
- ☑ 自分のタイプを知ったうえで、自身を“見える化”する習慣を怠らずに続けてみよう

Lesson 2

お客様と商品を“見える化”する

Lesson 2

画面の向こうにいるお客様への接客方法

次は一緒にお客様の"見える化"もやってみよう！
ここで大切なのが、今まで自分が、どんなお客様にどんな商品をおすすめしたのかってこと。
細かく思い出せそうかな？

なんとなくは覚えているものの、具体的なことはあんまり……。
詳細を思い出せるかどうかが、大事なんですか？

ずばり！
対面で接客するときは、相手がどんな人なのか、目で見て確認できるよね？
でもオンライン上になると、画面の向こう側にいる人を見ることができない。
視覚的な情報がない中、相手のニーズをつかむ提案をしていくことって、とっても難しくない？

はい、だから店舗以外で物を売るのって、すごくハードルが高いように思えちゃって……。
あっ、もしかして、見えない相手を接客するための準備として、これまで自分がどんな人に、どの商品をすすめたかというデータを蓄積しておく、つまりお客様の"見える化"が必要なのですか？

おお〜、Lesson 1での内容が身になってきているね！
見えない相手でもイメージできるように、まずは対面接客した人を細かく文字に起こしてみることが必要。
そして分析する。
これを"ペルソナを設定する"って言うんだ。

ペルソナってゲームのタイトルしか知らなかったんですけど、こういう使い方をする言葉なんですね（笑）。
どうやって設定するのですか？

一般的なペルソナ設定は、自分たちのサービスや商品を買ってくれるであろう架空の人物像を細かく作り上げる。
例えば、性別や年齢だけじゃなくて、仕事は？ 家族構成は？ 趣味は？ 休みの日はどんな過ごし方で、どこへ買い物に行くのか？ とかね。

私が持っている今の知識だと、難しい気が……。

店舗で対応をしてきたなら大丈夫だよ！
今まで接客してきた人の中から１人、「この人好きだな～」と感じたお客様を思い浮かべてみて！

いつも来てくださる30代の銀行員の女性で、好きな色は淡いカラー。きれい目のスタイルが好きで、ブラウスにパンツをよく合わせていますね。
最近はヒールが苦手で、スカートも穿きたいけど足を出すのが気になる……。
休みの日はTシャツでカジュアルダウン。こんな感じですか？

そうそう、そんな感じ！
そして、そこから今度はもっと掘り下げていくんだ。
事前に自分の好きなお客様を"見える化"しておき、オンライン上で応用していく。
そのやり方をこの後紹介していくね！

画面の向こうにいる人をイメージすることの難しさ

Lesson 1でも少し触れましたが、接客における店舗とオンライン上との違いは、あなたの目の前にお客様がいないこと。
さらに言うなら、**不特定多数の見えない相手を、同時に接客しなければなりません**。

ちなみに店舗では同時の接客ってすごく難しくて、これこそオンライン上のメリットでもあるのですが、目の前の人とのコミュニケーションに慣れてしまっている販売員にとっては、**やりにくさを感じる最初のハードル**になってきます。

例えば、自分でしてみたことはなくても、Instagramで好きなタレントさんのライブ配信（インスタライブ）を見た経験はあるのではないでしょうか？
視聴者は、ライブ配信をしている人の顔や声を、画面を通して見ることができますが、配信する側はスマホのカメラに向かって顔の見えないファンに話しかけています。
タレントのライブ配信を視聴する多くの人は、すでにその人のファンであり、話すことを聞きたいという関係性。
だから話す方も、不特定多数の人が相手とはいえ、話しやすい環境なのです。

でも、あなたがデジタル接客する場合はどうでしょう？
店舗やブランドに対して興味はあるかもしれませんが、ファンとまで言い切れる人は、ほんのひと握りかもしれません。
そんなアウェイな環境の中で、あなたはスマホを使い、誰かへと話しかけていくことになります。

ライブ配信では、相手の表情もわからない。
話したことへのリアクションも得られない。
でも話を進めていかなければならない。
いつものように接客ができるのか、**不安になるのは当然**です。

そんな不安を解消し、まるで店舗のごとく振る舞うには、**お客様の“見える化”が必要不可欠**なのです。

実は、面と向かって人と接することができる状況というのは、視覚的に得られる情報が多くて、すごく楽。
そう考えると、店での経験がいかに貴重なものなのか、身に沁みませんか？
見たこと、感じたことを、覚えていないなんてもったいなさすぎる。
あなたの日々の出来事は宝の山なのですから、**着実に自分の財産にしていきましょう**。

では、お客様の“見える化”とはなんなのか？

基本的には、**自分自身を“見える化”する際の作業と同様**です。
対面したお客様の情報を、できるだけこと細かに文字に起こす。
「30代」「女性」「美容師」「仕事柄トレンドを押さえておきたい」
箇条書きのメモ程度でいいのです。
まずはこの蓄積をたくさん作っていきましょう。

ただ、これをデジタル接客で活かすには、もうちょっとコツが必要です。
そのコツとは、**蓄積したたくさんのお客様の中から、特定の１人を抜き出して思い浮かべること**。

次は、特定の１人を客観的に分析していきます。

できるだけ自分の思い込みは排除して作業を進めてください。
メモに「30代」「美容師」といった項目がある場合。
その年齢で同職に就いている人たちは、どのような勤務時間なのか、休みはどう過ごしているのか、服にかけている金額はどの程度なのか……。
いろんな発想や観点から、たくさんのことを調べて、特定の１人のバックグラウンドを固めてみましょう。

この一連の作業を「ペルソナ設定」と言います。

初めて耳にする人も多いかもしれませんが、日ごろ、対面接客をしているなら、取り組んでみると意外と難しいことではないとわかるはず。
安心してください！

ペルソナ設定という言葉を正しく理解し、実行する

ペルソナ設定とは、架空の顧客層を決め込むこととして、WEBマーケティングでよく使われる言葉です。

見た目から始まり、行動や価値観、ライフスタイルなどのプロフィールを詳細に構築。
1人の架空の人物を作り上げていきます。
WEBでサービスや商品を展開する際に、ペルソナを担当者間で共有し、サービスや商品の展開を狙う顧客像への理解を深め、マーケティングの方向性を統一する手法としてよく導入されていますね。
これにより、ユーザー視点での開発やマーケティングが行えるようになります。

はじめにペルソナを設定することで、**ユーザー設定を絞り込めるようになるため顧客からの共感度が高くなり、ニーズも見つけやすくなる**のです。

ペルソナと似た意味を持つマーケティング用語に、「ターゲット」という言葉があります。
どちらも商品やサービスの対象となるユーザーを設定する用語として使われますが、ユーザーの設定方法が異なるのです。

「ターゲット」は、商品やサービスの対象となるお客様の、年代、性別、学歴、年収、既婚未婚などのおおまかな属性で分類し、設定します。

ターゲット ＝ 多くの人を属性により分ける

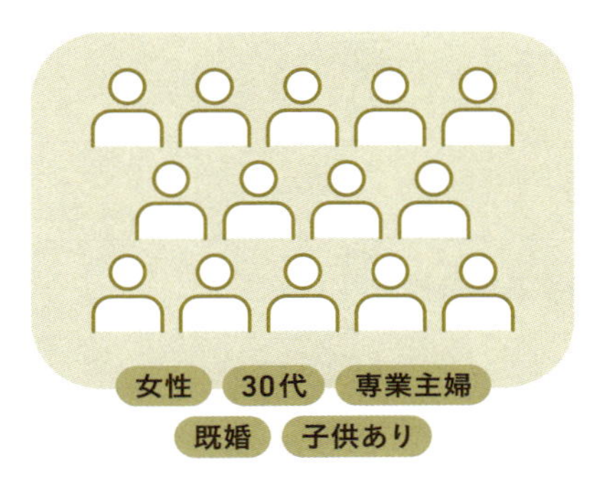

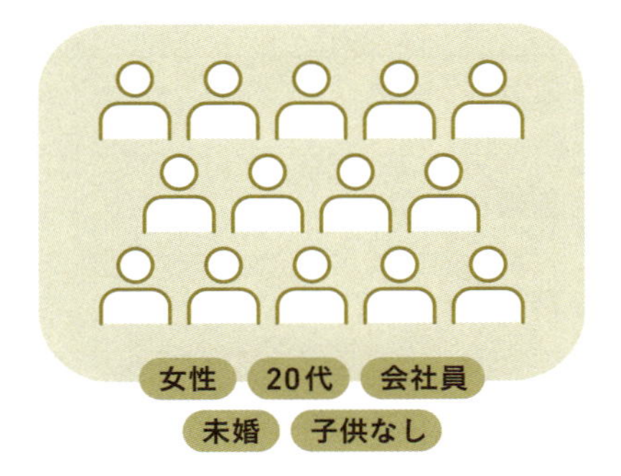

これに対してペルソナ設定は、**ひとりのお客様に絞り**、氏名や年齢、職業、住まい、趣味など、細かく設定します。
以前はマス（大衆）へ向けたアプローチが有効だったものの、今の時代はお客様の趣味嗜好が細分化されています。

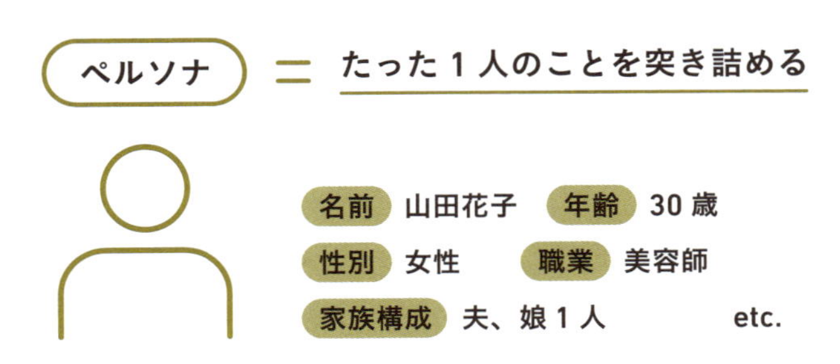

「ターゲット」だけでは捉えきれず、「ペルソナ」でお客様像をはっきりさせ、正しくアプローチしなければ振り向いてくれません。

この重要な作業をできるのは、**現場に立つ販売員**なのです。
では、具体的な手順を見ていきましょう！

ペルソナ設定する特定の１人は、あなたが好きなお客様に

このシートを埋めていくイメージで、進めてみましょう。

年齢		性別			
既婚 or 未婚		同居する家族構成			
居住地					
職業		役職			
年収		貯蓄状況		最終学歴	
起床時間		就寝時間			
通勤手段		勤務体系			
休日の過ごし方					
性格		価値観			
人間関係					
趣味					
興味があること					
不満に思っていること					
最近の悩み					
インターネットの利用時間					
使用しているデバイス					

〈記入例〉

年齢	29 歳	性別	女性		
既婚 or 未婚	未婚	同居する家族構成	1 人暮らし		
居住地	北海道札幌市内のマンション				
職業	カフェ店スタッフ	役職	店長		
年収	380万円	貯蓄状況	300万円	最終学歴	短大卒
起床時間	7：00	就寝時間	24：00		
通勤手段	電車	勤務体系	シフト制		
休日の過ごし方	おいしいグルメの食べ歩き				
性格	マイペース	価値観	自分の正しいと思ったことを信じる		
人間関係	カフェ店員仲間、SNSでつながった友人				
趣味	街ぶら散歩				
興味があること	おしゃれな物、暮らしやすい生活				
不満に思っていること	彼氏の仕事が忙しく予定が合わない				
最近の悩み	カフェ店長という仕事への今後の可能性、仕事と恋愛のバランス				
インターネットの利用時間	仕事の合間や、帰宅後に 1 時間程度				
使用しているデバイス	スマートフォン				

手順1。
あなたが大好きなお客様を1人思い浮かべてください。
今まで接客してきた中であなたが一番大好きなお客様です。
「何点もまとめて購入してくださった」「話が弾んだ」など、理由はなんでもいいのです。
誰かを決めたら、その人のことをまとめたメモを引っ張り出しましょう。
もしかするとそこには簡単な情報しか箇条書きにしていないかもしれませんが、心配することはありません。
記憶を手繰り寄せる入口があることがとても重要なのです。

手順2。
容姿について書き出してみましょう。
身長、髪型、身につけていたアクセサリー、靴……。

手順3。
あなたが知っているそのお客様の情報を言葉にしてみてください。
性別、おおよその年齢、家族構成、仕事内容、どこからご来店いただいたのか、どんな服装がお好みなのか……。

手順2と3は、メモにあること、思い出せることを、できるだけ多く書き出しましょう。

手順4。
書き出した情報を基に、その人物像をもっとふくらませて、**客観的に分析**してみましょう。
WEBで検索する、タイプの近い人が友人にいれば話を聞いてみるなど、調べ方はいろんな手段があります。
接しただけではわからない部分を、ツールを使って補うイメージです。

そして最後、手順5。
どんなことを考えてその日店に来ていたのか、想像し、文字にしてみましょう。
どんなアドバイスをすれば喜んでくれるだろうか？
どんなことに困っているだろうか？
どんな姿になりたいと思っているのだろうか？

すべて書き上げることができましたか？

見てわかる情報、聞いてわかる情報、調べた情報、想像してみた情報……これらから導き出された深層心理。
大好きなお客様の情報がそろいましたか？

その人物像こそがペルソナです。

店舗で数多くの接客をしてきた販売員は、架空の設定ではなく、リアルな設定が可能となります。
そして画面の向こうにいる人が"大好きなお客様"だと思うと、いつも通りの接客に切り替えられるのです！

でも、ここで不安に思う人もいるのではないでしょうか？
「誰か1人にイメージを絞っての接客では、その他大勢は買ってくれないのでは？」

心配はいりません。

まず、**オンライン上では不特定多数を相手にします**。
つまりは想像もつかないほどの数のお客様を相手にしていることと一緒。
大好きなお客様と似たような人は、何千人もいるのです。
さらに言うと、大好きとまではいかなくても、それなりに似た人は、何万人もいるのです。

わかりやすく店舗でたとえると、マネキンに着せつけをする際に、とあるお客様を思い浮かべながらコーディネートを組んだことがありませんか？
するとそのコーディネートを見て、思い浮かべた人とは別の方が「あら、私の好きな感じね」と購入してくれた経験がありませんか？
それと同じです。

店舗でもオンライン上でも、来店者全員を把握するのは至難の技。
でも、店やブランドを愛してくれている大好きなお客様1人に向けて接客すれば、おのずと近い人まで反応してくれるのです。

最後にひとつだけ注意点です。
このペルソナ設定は、**常に見直しが必要**。
トレンドの変化や、展開する商品の変化によって設定は変わってきます。
1シーズンごとに見直す癖をつけましょう。

商品知識を余すところなく伝えられる販売員が求められている

自分とお客様を“見える化”できたところで、最後に取りかかるべきは、**販売する商品について**です。

「Eコマースで売られている商品は一般的に画像がついているのに、商品の“見える化”とは、どういうこと……？」
疑問に持つ人も多いかもしれません。

確かに画像を見れば商品の形や色はわかります。
他にも、作られた国や素材、自分の体形に合ったサイズを選ぶときの参考になる寸法なども、記載されていることでしょう。

でも、**それは見た目上の特徴でしかなく、本当の価値までは伝わりにくい**のです。
店舗で接客し、商品のことを伝えるときに「これはシャツの形をしていて色は白です」と、見てわかるようなことだけを話していますか？
そんなことはありませんよね。

もっとたくさんのことを伝えているはずです。
例えば、使われている生地などの風合いや、実際の着心地。
着込んでいったときに生地はどう変化するのか、水には強いのか、風は通さないのかと、目には見えない機能性を話していませんか？
そして何より一番考えなくてはならないのは「その商品は、お客様にとってどんな価値があるのか？」ということ。
購入すると、何が変わり、どんな心境になってもらえるのか？
商品の価値を言葉にできるのが、店舗で対面接客をこなしている、あなたなのですよ。

そして喜ぶべきは、**Eコマースなど今のオンライン上での販売において、一番の弱みがここ**なのです。

お客様が一番知りたいのは「それを買うことで私はどうなるの？」であるはず。その商品をどう使ってもらい、どうなってもらえるかを正しく伝えているからこそ、買ってもらえますよね。

既存のEコマースにとって、この価値を伝えきれていないことが、商品の見た目と特徴しか記載されていないカタログ通販のように思えてしまう原因です。**オンライン上であっても、お客様が接客に求めていることは一緒**。
そしてそれは、あなたにしかできない強みなのです。

商品への正しい理解の深め方＝ＦＦＢ分析

では、商品を正しく理解する方法を学んでいきましょう！
そのためには**FFB分析**を行います。
FFB分析とは下の3つの頭文字をとったものです。

Feature（フィーチャー／特徴）
Function（ファンクション／機能）
Benefit（ベネフィット／顧客価値）

品名	
Feature（特徴）	
Function（機能）	
Benefit（顧客価値）	

手順は、商品について上から順番に分析し、言葉に表していきます。

Feature（特徴）。
目で見てわかる情報を書き出していきます。
形や色、デザインやディテールなどを、単語でシンプルに書き出していきましょう。

Function（機能）。
見た目だけではわからない情報を書き出していきます。
例えばアパレル製品であれば、生地のストレッチ性や防水性などからくる風合いや着心地。
着込んでいったときの変化なども、この項目に入るでしょう。

Benefit（顧客価値）。
Feature（特徴）とFunction（機能）を踏まえて、購入者はどのような体験ができ、どのような変化が現れるのかを、文章にしてみましょう。
今までの経験やお客様の感想を基に、「だから〇〇になる」と、購入した人に還元される良いことを考えます。
例えば、肌にツヤを与える機能がある化粧品であれば、使用後に「年齢より若く見られる」ことが購入者にとっての価値になります。

似た言葉で「メリット」がありますが、ベネフィットは、メリットの先にある満足感やうれしい変化、プラスの体験などを表します。

〈例1〉

品名	スキニーデニム
Feature（特徴）	細身でぴったりするデザイン、インディゴブルー
Function（機能）	スタイルアップ効果、 デニム特有の色落ち変化や汚れが目立ちにくい
Benefit（顧客価値）	デニムでもカジュアルになりすぎない品の良さで、気軽にお出かけしたくなる。オシャレなのに汚れを気にしなくていいので、BBQのようなシーンでもかわいく決まる

〈例２〉

品名	ムートンブーツ
Feature（特徴）	内側がボア素材、シープスキン
Function（機能）	暖かい、ソフトな履き心地
Benefit（顧客価値）	足元が暖かいので、寒い日でも遊園地デートに行きたくなっちゃう。履き心地が良く足が疲れないので、今まで以上にお出かけを楽しめる

〈例３〉

品名	レザーミニウォレット
Feature（特徴）	牛革、コンパクトデザイン
Function（機能）	革の経年変化、持ち運びに便利
Benefit（顧客価値）	使い込むほどに味が出てくるので、古くなっても買い換えなくてよく、浮いたお金で他の欲しいものが買える。ポケットに入るので手ぶらでお出かけできる

オンライン上で強みを発揮すればあなたの売上は２倍以上になる

お客様の"見える化"（ペルソナ設定）と、FFB分析で商品を正しく知ることができれば、**画面の向こうにいる人への接客準備は万全**です。
不安もかなり薄れてきたのではないでしょうか？

先ほども話した通り、Eコマースは、そのほとんどがカタログ通販の域を出ないものであるのが現実。
その結果、同じような見た目の商品であればスペックと価格だけに目がいってしまい、購入を決定する際の決め手は価格になってしまいます。

店舗で言えば、せっかく来店してくれている人が目の前にいるのに、ただ値札をつけた商品を並べ、相手が選ぶのを待っているだけ。
商品情報はタグの記載のみ。
この状況が今のEコマースなのです。

でもペルソナ設定とFFB分析を備えているあなたが、Eコマースやオンライン上での販売に乗り込めば、その問題を解決することができます。
これからの時代に必要とされる販売員なのです。

実は、僕にとあるクライアントから「店頭の売上を伸ばして欲しい」と依頼があったときも、“売れる販売員”と呼ばれる人を中心に、この2つを実直に作り上げていきます。

接客はひとりひとりへの対応が重視されるためマニュアルが作れないと言われており、属人性が高く、売る方法の中身はブラックボックス化されているのが一般的。

でもペルソナ設定とFFB分析を使うことで、まずは売れる販売員の頭の中を“見える化”し、次にそれをチームで共有することで、接客力の底上げが可能となりました。
この方法であれば、全員が頭でしっかりと理解し、日ごろの仕事へと結びつけられるため、店の売上がぐんぐん伸びていくこととなるのです。

さあ、これを店舗ではもちろん、うまく時間を作ってオンライン上でも活かしてみると、結果はどうなるでしょうか……？

そう、**売上が2倍以上になることは、決して夢の話ではない**のです！

ペルソナ設定をすればデジタル接客も怖くない。
そしてEコマースでは商品を写真で見ることはできるけど、触れないからこそ、店舗で活躍する販売員の"言葉のチカラ"が重要だってこと。
わかってもらえたかな？

１人のお客様をイメージするのが、実は何万人もの人を相手にする可能性に繋がっているというのは、とても大きな発見でした！
商品のFFB分析も、売れる販売員を目指すなら、日ごろの店舗接客のためにも絶対にやっておくべきことで、それがオンライン上だと自分の最大の強みに変わるのですね。

その通り！
売れる販売員になればなるほど、試着してもらわなくても購入へと繋がることって多いよね？
それって、特徴や機能性だけでなく、着たときにどんな素敵な姿に変身できるのかを、相手が想像できる言葉を選んで伝えられているからなんだ。

試着してもらわずとも商品を買ってもらえる秘訣は、これだったんですね。

デジタル接客の準備としてだけでなく、店舗でも効果が出てくるってわけ。

文字にすることで頭の中も整理できるし、書き留めて忘れることもなく、後で見返すこともできますね。
同時に店舗の売上アップも夢じゃないなんて……！
今すぐに取りかかります！

Point! | Lesson 2

- スマホを使った接客では、不特定多数の見えない相手に対して、同時に行わなければならない
- たった1人のお客様を“見える化＝ペルソナ設定”する
- ペルソナ設定とは、商品を買ってくれるであろう架空の人物像を構築する作業。手順に沿って丁寧に作り上げることが大事
- お客様に、目で見ただけではわからない情報を伝えるためには、「FFB分析」をマメに行い、多くの引き出しを持っておくことが大切
- FFB分析とは、ひとつの商品に対し、Feature（特徴）、Function（機能）、Benefit（顧客価値）の3項目を自分なりに考えていく作業
- ペルソナ設定とFFB分析は、デジタル接客の準備に止まらず、店舗でも確実に活かすことができる

Lesson 3

これからの時代の評価基準を正しく知る

Lesson 3

店舗とEコマースが対立していた時代は終わる

“見える化”したことでデジタル接客もできそうな感じにはなってきました……。
でもそれって、結局Eコマースの売上になるのでは？

その心配はよくわかるよ。
確かに今までは店舗、Eコマース、それぞれの売上になることが普通だったもんね。
例えば、店舗で接客して、お客様が購入される商品を決めた後にサイズが欠品してたことが判明！
実はEコマースには在庫があることがわかっているけど、それをお客様にはお伝えせずに、物流倉庫や他店舗からの取り寄せで対応したこととかはない？

良いことではないとわかっていますが……。
したことは正直ありますね。

それって、お客様のことを考えると決して良いとは言えないのに、どうしてかな？

ん〜、なんか自分がせっかく接客したのに、お店で買ってもらえないのが嫌だなって……。

本当にそう？
店舗の売上にならないと、自分の評価に繋がらないからじゃない？

すべてお見通しですね……。
本音を言うと、そうです。
だって、自分の評価にならないとモチベーションも上がらないじゃないですか。

それもこれも原因は、今の評価基準が店舗での売上だけになっているからなんだよ。
でも、これからはこの評価基準自体が変わってくるからね。
例を挙げると、店で今、アプリやLINE@などの登録をお客様にすすめたりしてない？

アプリの登録については去年くらいから結構上司に言われていて、LINE@はもうすぐ始まるところです！

そうやって少しずつだけど、店舗の売上だけじゃなくて、お客様をデジタルに誘導することも評価基準に加わり、これからはオンライン上で接客することもポイントになってくる。
こっちが当たり前になってくる未来の業界のあり方に対応するためにね！

店舗の売上だけではなく、デジタル接客したお客様によるEコマースでの売上も評価に加わるようになれば、店舗での働き方ももっと変わってきますね。

そういうこと。
じゃあ、これからの評価制度がどう変わるのかを見ていこう！

これからは"分業"から"協業"の時代

こんな経験はないでしょうか？

店舗で対面接客したけど、お客様が気に入ってくれた商品のサイズが欠品してしまっていた。
せっかく1時間もかけて接客して、お客様が気に入ってくれたのに……。
急いで在庫を調べてみると、物流倉庫に3点在庫あり！
でも、同じく自社のEコマースにも在庫あり……。

物流倉庫にすぐに発注をかけると、商品は明後日、店舗に到着。
一方、Eコマースをお客様に紹介して買ってもらうと、翌日には相手の手元に届く。

あなたならこのとき、どちらをお客様に伝えますか？

「もちろんEコマース！」と言いたいところですが、Eコマースの存在を伝えずに「在庫がございました！ 明後日には店舗に取り寄せられますが、いかがいたしましょうか？」なんて、素知らぬ顔でお伝えしたことが、みんな一度や二度はあるのではないでしょうか？

後日、改めてご来店いただいたうえで購入してもらうのと、Eコマースで購入し、翌日にはお客様の自宅まで届くのであれば、後者の方がお客様にとって断然メリットがあるのに、Eコマースで購入できることを提案できていない。

そんなことを思い出しても後ろめたい気持ちにならないでください。
僕自身も通ってきた道なので、その気持ちはよくわかります。

常にお客様のことを第一に考えているあなたが、なぜそんなことをしてしまったのか。
その理由もわかっていますよ。

ズバリ理由は、**長い時間かけて接客して、購入してもらえることになったのに、**

その売上が店舗や自分のものにはならず、Eコマースの売上になってしまうからですよね。

どれだけ良い接客をして、お客様に喜んでいただけても、最後の売上が店舗や自分につかなければ評価されないことを知っている。
だからつい、Eコマースで購入できるという提案を行うことができない。

店舗とEコマースは同じ会社が運営し、目的もイコールながら、ずっと分業になっていました。
それにより、**今まで店舗とEコマースは別事業部としてそれぞれに売上がカウントされ、評価されていました**よね。

この評価の仕組みこそが、お客様に、Eコマースの存在を知らせたくない原因。
こちらで購入できることがわかれば、店舗で商品の説明だけを聞いて、もしくは試着をして、Eコマースで購入されてしまい、自分の評価にまったく繋がらない。
だから、そんな行動をとってしまっていたと思います。

でもこれから先は、買いたいときに、どこにいてもショッピングができるという時代。
それに合わせて、店舗とEコマースに垣根をつくらないように、**分業から協業**へと変化していかないといけません。

それに伴って、店舗に対する会社側の評価基準も、少しずつですが変化してきています。
もう、あなたが後ろめたい思いをしなくてもいい流れになってきていますよ。

これまでの評価基準と未来の評価基準

店舗だけの売上で評価され、Eコマースの売上は評価の対象外とされてきた、これまでの販売員たち。
店舗販売を主体としている企業も、最近は、お客様がどこに住んでいても、ネット環境さえあれば商品をご購入いただけるEコマースに力を入れ始めました。

ただ、あなたからすれば**Eコマースに対して価値を見出せず**、店舗に勤務していると気にもとめない存在だったのではないでしょうか？

楽天市場やAmazon、ZOZOTOWNなどのモール型ECサイトの利用者が増えるにつれ、店舗に来店するお客様の「ネットで見たんです」というコメントに触れる機会も増えていませんか？
そんな経験から、やっとEコマースという存在に危機感を覚え始めたけれど、それでもまだ、「店舗で買うのが大半だよね」と、見て見ないふりをしていたと思います。

一方、世の中ではどんどんEコマースが一般的なものに。
売上も右肩上がりで、Eコマース事業部も店舗への影響力を持つようになってきます。
社内で同じ目的に向かっているはずなのに、**いつしかお互いが競い合うような構図になっている**のです。

さらに、老若男女問わずスマホを使うのが当たり前になり、WEBを利用するのが日常的になってきた昨今。
スマホでEコマースやホームページを確認しつつ、実店舗で商品を手に取るといった買い物ができる時代になったことで、企業やブランド側も、好きなときに、どこからでも買い物ができるようなシステムを強化していくのが必須になります。

店舗からしてみれば、Eコマースの売上は右肩上がりだけど、まだ売上の大部分が店舗にある。
心を込め、時間をかけて接客をしても、最終的にEコマースで商品を購入されたとなったら、モチベーションも上がらない。
「自分の評価には何も繋がらないじゃないか」という思いもわかります。

そんな感情的な部分もあり、近年までずっと店舗とEコマースは対立的な構図にありました。

従来の店舗や販売員に求められていたのは、来店したお客様に商品を販売し、売上をアップさせること。

これが評価基準になっていました。

でも、先ほど説明したように、Eコマースとの協業がテーマになった今は、販売員に求められることも変わってきています。

第1ステージの評価基準が店舗の売上だけだとすれば、今は第2ステージへと進んできたと言えます。

評価基準の第2ステージは、**店舗の売上だけでなく、Eコマースにどれだけ送客できるか**も重要視されるようになってきました。
この基準は、まだすべての企業に導入されているとは言えませんが、かなり多く採用されてきているように思います。

そして、次に訪れるであろう評価基準の**第3ステージは、店舗での売上とEコマースにおける売上が共に評価される**ということ。

つまり、店舗での対面接客とデジタル接客での売上が、合わせて評価される時代になってくるのです。

第1ステージは、店舗かオンライン上か、売上はどちらかだった

店舗とEコマースが全く別の事業部として分業されていた時代。

販売員は店舗における売上だけを評価されるので、いかに自分たちの店舗で商品を購入してもらえるかだけを考えていれば良かったのです。

そのため、ご来店いただいたお客様ひとりひとりに対して、全力で接客をし、購入に繋げてもらうことが日々の業務の至上命題でした。

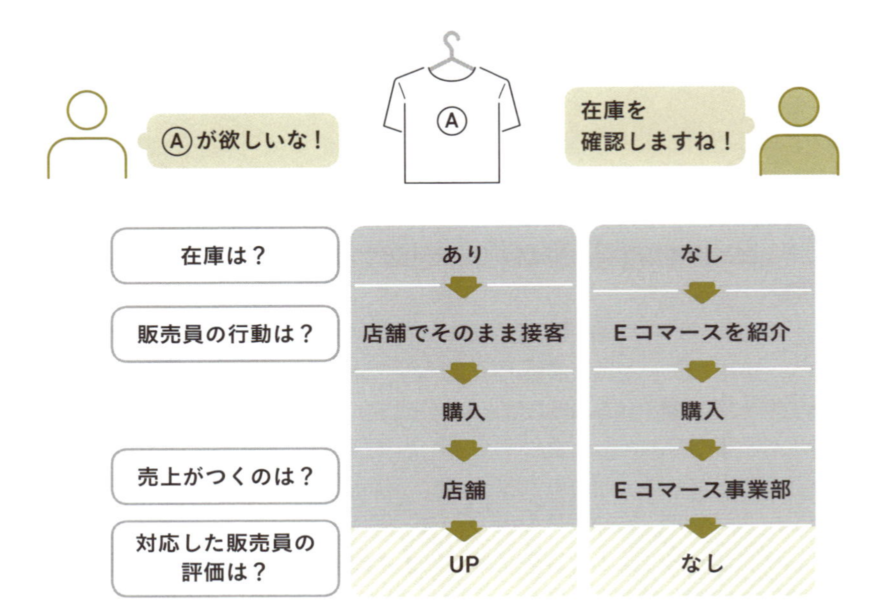

上の図からもわかるように、**接客した相手が、最終的にどこで商品を購入したのか**が、評価基準の中で重要になってきます。

お客様が欲しい商品を購入しようとした際に、店舗で販売員が接客をします。販売員の接客を通して、欲しい商品やニーズを満たす商品を見つけてもらい、そのまま店舗で購入してもらえたら、店舗の売上となり、接客した販売員の評価へと繋がっていきます。

でも、なんらかの理由（サイズや色の欠品など）や、お客様がお目当ての商品を見つけたとしてもその場での購入に至らなかったパターン。
後日その商品をEコマースで購入をされた場合は、そこの事業部の売上となってしまい、接客した販売員の評価には繋がりませんよね。
これは会社側の問題でもありますが、店舗とEコマースでお客様の層は違うと捉えていたこともあり、そこまでEコマースに力を入れていなかった時代の評価基準です。

店舗とEコマース事業部の交流もほとんどなく、むしろ店舗から見れば、**自分が接客したお客様による売上を、Eコマースに取られたくない**という、一種の敵対心を持っていた人も多かった時代でもあります。

店に勤務する販売員が企業の中でキャリアアップしていくには、店舗の売上をどれだけ伸ばしていけのるかが、最も重要な評価基準となります。
だから、お客様のメリットを考えれば、本来Eコマースをおすすめした方が良い場面でも、積極的に提案してこなかったことは、仕方のないことです。

第2ステージは、デジタル系の事業部を支援すると評価が上乗せに

今がちょうどこのステージです。
店舗での売上が重要な基準ではあるが、Eコマースなどのデジタル系事業部への支援も評価に加わる時代。
販売員にとって、店舗における売上が一番重要な評価基準であることは変わらない中で、Eコマースの売上をさらに伸ばすために、お客様に対してアプリやLINE@などの利用をおすすめし、登録数を伸ばす。
それらも評価基準に加えられるようになったのが第2ステージです。

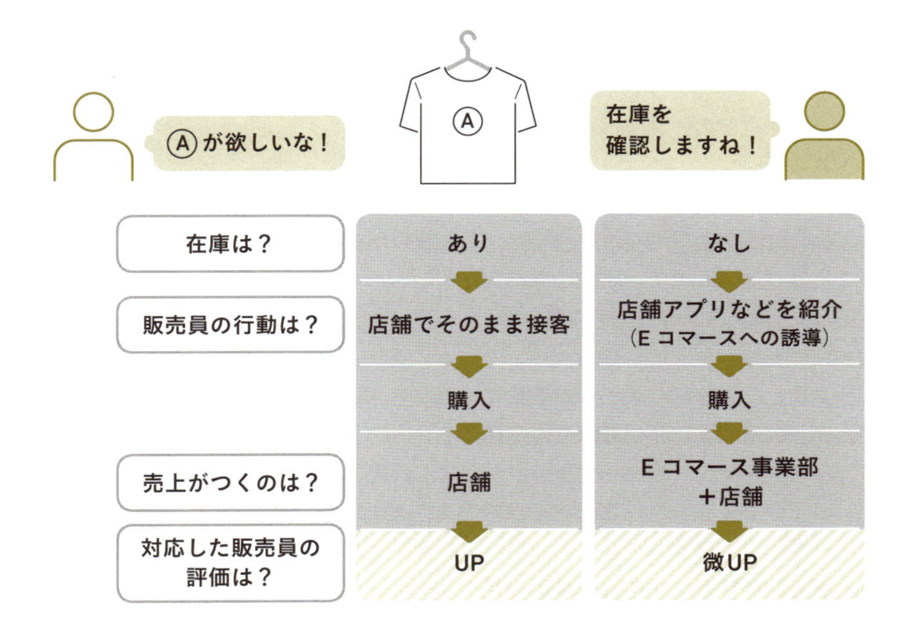

第1ステージと違うのは、店舗で購入に至らなくても、後日、お客様がその商品をEコマースで購入した場合。
店舗内でアプリ会員やLINE@などへの登録を促し、その結果、登録件数が増えたとしたら、購入に至った事実はもちろん、今後もお客様がアプリなどを通じて買い物をする可能性があるとみなされて、販売員の評価に繋がります。

背景には、**全国の店舗数が増加しすぎた"オーバーストア状態"**が挙げられます。
1店舗あたりのお客様の来店数が減少してきたことと、お客様のEコマース認知度が上がってきたこと。
これらが相互に作用し、店舗数を維持する必要性がなくなったのです。

会社側も、いつでもどこでも購入してもらえるEコマースの重要性を認識し、**店舗に来店されるお客様に対してもEコマース認知度を上げることに重きを置き始めました**。
つまり、店舗では未購入だったお客様の取り込みを強化するために、オンライン上での**店の利用に繋がる各種サービスへの登録を促すことが、新たに評価に組み込まれた**というわけです。

販売員は店舗にいながらも**Eコマースを支援することで、自分の評価を上げられます**。

ここまでが現在の評価基準の話です。

次はこれから訪れるであろう、未来の評価基準について解説していきます。

第3ステージは、店とオンライン上、両方での売上を求められる

販売員にとって店舗での売上が重要なのはもちろん、**オンライン上での接客の売上が、プラスαの評価基準となる時代**。

オンライン上で売上を作るために、販売員がどのような発信を行ったか、そしてそれが結果に繋がっているのか。
トータルでの評価を求められるのが第3ステージです。

在庫を確認しますね！
ない場合は、うちのEコマースや
似たアイテムBなどが載っている
SNSアカウントを紹介しますね！

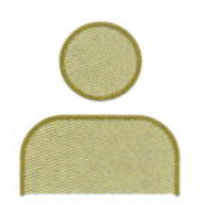

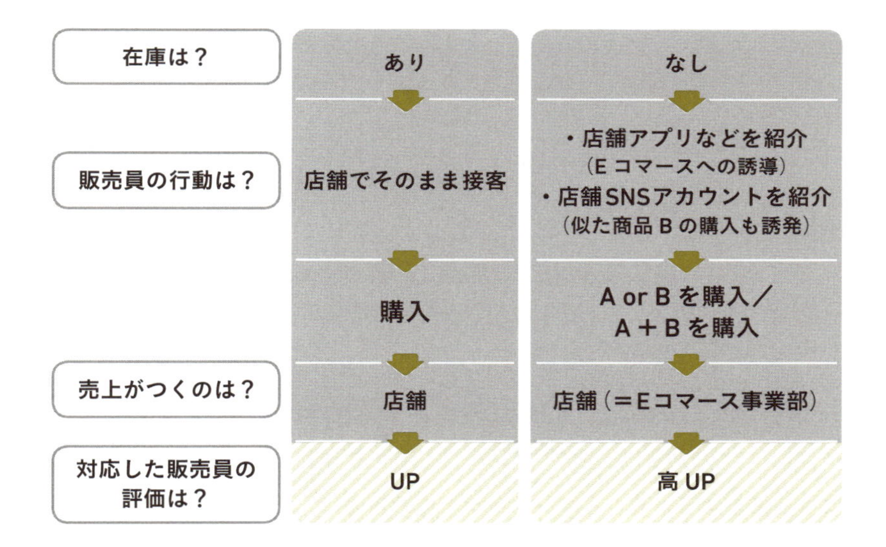

店舗での実績だけではなく、接客したお客様がEコマースで購入した分を含めたすべての売上が、評価基準になっているのがわかると思います。

お客様が欲しい商品を購入しようとした場合、店舗で販売員が声をかけるなどして、接客をしますよね。
その中で欲しい商品やニーズを満たすアイテムを見つけたお客様が、仮にその場ではなくEコマースで購入したとしても、**店舗で接客した販売員の評価へときちんと繋がる仕組み**になっています。

これからの販売員は、店にいながらも、遠くにいる相手にまでデジタル接客をしていくことが当たり前になってくるということ。
その方々は、どこで商品の決済をするのか？
答えはほとんどが、Eコマースなど、これまたオンライン上だと思います。

今までは同じお客様に接客した場合、決済ベースで店舗、もしくはEコマース、いずれかの評価になっていました。
ただ、最近ではどちらで購入いただいても構わないという提案をする形が増えています。
その理由は、**第3ステージに移行する企業が出てきた**からなのです。

現状はまだ店舗での売上の方が多いかもしれませんが、年々来店数が減少している中で、今後デジタル接客は主流となってきます。

そうなると、店舗接客での売上とオンライン上での売上が、今と逆転してくる可能性も大いにあるでしょう。

このことからも、**オンライン上での接客を得意とする人が多くの売上を計上する**ことができ、第3ステージでは高評価を勝ち取ることが予想できます。

これからはどんな形でも接客ができる人が時代をリードしていく

Eコマースをはじめとするオンライン上での販売は、いつでもどこにいても、お目当ての商品を手に入れたいタイミングでお客様が購入できる利便性が大きな価値でした。

わざわざ時間を割いて、移動のためにお金を使い、店から店へと歩き回る手間もなく買い物を楽しめるなんて！
お客様にとっては夢のような店舗です。

でも、物理的・距離的・時間的な制約がなく買い物ができるメリットの反面、ズラリと並ぶ商品画像と、記載された値段、わかりにくいスペック……。
これらの情報だけで商品を選ばないといけないデメリットがあります。

商品に触れてみることで初めてわかる着心地の良さ、質感への驚きなど、目で見ただけではわからない商品の細かな魅力を、実感することなく購入を決断しなくてはいけません。

〈Eコマースの画面例〉

実は、このような買い物の仕方が、Eコマースが広く普及する以前にもあったのですが、思いつきますか？

そう、答えは**カタログ通販**です。
無料の冊子から有料のものまで、バラエティに富んだカタログの中には、相当数の商品写真が並んでいて、その横に値段とスペックなどが記載されています。その中から商品を選び、ハガキやFAXで注文すれば、自宅へと届く。

〈カタログ通販の誌面例〉

コットン100%！
暑い季節にピッタリな1着で
大活躍

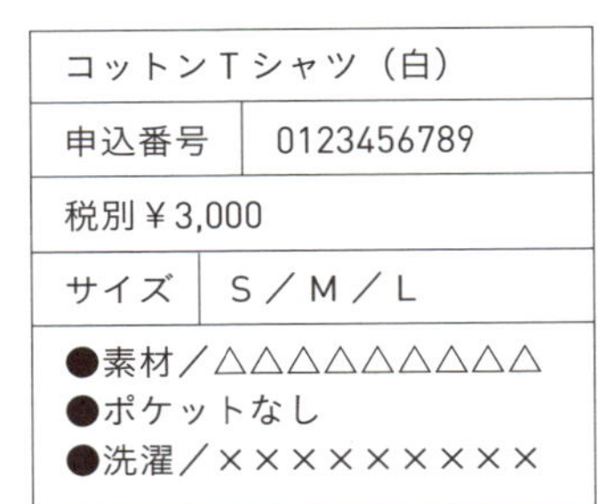

コットンTシャツ（白）	
申込番号	0123456789
税別￥3,000	
サイズ	S／M／L
●素材／△△△△△△△△△ ●ポケットなし ●洗濯／×××××××××	

ほら、**ほとんどEコマースと同じ**でしょ？

記載されている限られた情報から、自分の頭の中でイメージを膨らませて購入するしかないのも共通していますね。
あなたが目にしている多くのEコマースは、カタログ通販が進化しただけと言ってもいいでしょう。

だからこそオンライン上では、Lesson2で説いたような、**店舗での対面接客を進化させた方法が必要**になってくるのです。

目で見える情報でしか訴求できなかったEコマースの弱点を、オンライン上でお客様の五感を刺激するような言葉を用い、カバーしていく。

店舗の販売員にとってEコマースは関係のない領域でしたが、今後はオンライン上でお客様を接客する場所と捉えることができる。

つまり、**あなたにとってもうひとつの売り場が用意される**わけです。

実店舗とオンライン上のもうひとつの場所をうまく使いこなし、それぞれに売上をアップさせる人こそが、新しい評価制度の中で活躍していきます。

まさに、**店舗とEコマースが、分業から協業へと変わる**わけです。

カタログ通販と化している今のEコマースは、飾り気のない店をオープンして、なんの工夫もなく商品を並べているのとまるで一緒です。
そんな店を、お客様は喜びませんよね？

日ごろの接客ノウハウが詰め込まれた空間づくりに、集客の鍵は隠されているのです。
それを実践できるのは販売員のみ。

だからこそ店での経験値をフルに活かさなければならない。
というより、**活かさないのはもったいない**。
慣れるまでは不安に思うかもしれませんが、とにかく始めてみましょう。

時代を勝ち抜く販売員への成長を目指して！

店舗の売上をEコマースに取られるのが納得できないので、お客様にはできるだけその存在を伝えないようにしていました。

その気持ちはわかる。
僕も販売員時代は、Eコマース事業部とバチバチにやり合っていたよ（笑）。
でも、そんなこと言っていられない状況が到来しているということだね。

協業としての評価軸が実現すれば、誰も損しないですよね。
在庫がなかったらどんどんEコマースをすすめていこうというモチベーションになります。

正直、今はまだ、店舗とEコマースの売上の評価を別々に考える企業が多いから、店舗で接客したお客様にEコマースを心からおすすめできる人は少ないと思う。
ところがWEB上の各種会員登録サービスなら、販売員もそんなに抵抗感なくおすすめできちゃうから、会社も力を入れているというわけだね。
でも今後は、会員登録サービスへの誘導に限らず、Eコマースなどオンライン上のさまざまな場で、売上を作ることが求められる時代に変わっていくってこと。
伝わったかな？

理解できました。
本部の人は、店舗で接客したお客様に、Eコマースのこともお伝えしてねって軽く言ってきますけど、それで店舗の売上が悪くなってしまったら、私たちの評価が下がっちゃう……。
「簡単に言わないで！」と思っていましたけど、評価基準が変わる未来なら、気にすることはひとつもありませんね。

しばらくはまだ、店舗の売上が重要視されながら、デジタル会員の登録者数の増加が評価に加わっていく感じだと思うけど、今後デジタル接客が一般的になってくれば、評価基準がガラリと変わってくるよ。

店舗で接客したお客様の売上は、今まで通り評価になりつつ、Eコマースでご購入いただいた分も自分のポイントになっちゃうんですもんね？
これ、みんな幸せになれる可能性が広がっていません !?

その通り！
前向きな姿勢、すごくいいね！

両方が評価されるならもっと頑張らなきゃと思えますし、デジタル接客って、販売員を助けてくれる新たなスタイルなのかなって感じました！

店舗とEコマースの協業化におけるキーマンとなるのが、店舗でもオンライン上でも的確な接客ができる販売員。
これからは、そんな販売員こそが業界を支える宝なんだ！

今まで店で学んだことが、新しいデジタル接客という形で活かせるのって、とても素敵です！
さらにこうして、その重要性に気づけたことは大きいです。

今から新しい武器を身につけておけば、新しい評価基準になっても頭ひとつ抜け出すことができるよ。
よし、そろそろ準備も整ってきたし、次はスマホを使ってデジタル接客するための基礎を学んでいこう。

よろしくお願いします！

Point! | Lesson 3

- 買いたいときに、どんな場所にいてもショッピングできる時代に突入。それに合わせて企業側も、分業制だった店舗とEコマースを協業制へと変化させている
- 企業の評価基準は、3つのステージに分かれている
- 第1ステージでは、店舗とEコマースでお客様の層は違うと各企業が捉えていた。商品を気に入ってもらっても、店舗で会計してもらえない限り、販売員の売上にはカウントされなかった
- 第2ステージでは、いつでもどこでも購入してもらえるEコマースの重要性を各企業も感じ、認知度を上げる努力を始めた。オンライン上での店の利用に繋がる各種サービスへの登録を促すことができた販売員には、相応の評価が与えられることに
- 第3ステージは、近い将来の評価基準。店舗でもオンライン上で売上を作ることが求められる
- 店での接客力をオンライン上で活かせる人がリードしていく

Lesson 4

デジタル接客を始める前に覚えておきたい心得

Lesson 4

インフルエンサーにならなくてもいい

デジタル接客が私たち販売員に求められている新しい形なのは理解できましたが、インスタのフォロワー数も少ないし、やっていく自信がありません……。

フォロワー数？
もしかして、インフルエンサーにならないといけないって思っていない？

思っています！
だって、たった119人ですよ……？
それもあって、どうしたら接客に繋がるのかなと思って……。

スマホを使ってデジタル接客をやることと、インフルエンサーになることはまったくの別物なんだよ。

え、本当ですか！？
会社からはインスタをすすめられ、するならインフルエンサーにならないといけないから、積極的にアップしてフォロワー数を増やしてねって言われましたけど……。

それは、会社からの指示が間違っているね。
インフルエンサーになることって、フォロワーを集めるってことだよね。
デジタル接客＝フォロワーを集めることかな？

違うのかも……。
というのもヨツモトさんのこれまでの話を聞いていて、ペルソナ設

定して接客するのに、なんでフォロワーが必要なんだろう？と。

そこに気がつくってことは、かなり成長してきているね。
ちょっと驚いたな！

へへっ！
私の評価にも繋がるから、もっと真剣に取り組んで、新しい戦い方を誰よりも早く身につけなきゃなって、思い始めましたもん。

いい心構えだね！
さて、話を戻すと、デジタル接客とは自分が有名人になることでも、主役になることでもない。
店舗での主役は、来店してくれるお客様だよね。
販売員はそれをサポートする人、いわば脇役。
この感覚をオンライン上の場でもしっかりと持っておくことが肝心なんだよ。

芸能人のようなフォロワー数をいっぱい抱えるアカウントを目指さなきゃって、考えすぎていたような気がします。
デジタル接客とはいえ、変わったアプローチをするわけではないということ、しっかりと覚えておこうと思います！

それが理解できれば、あとは基礎を習得していくだけ。
すぐにでもチャレンジできるはずだよ！

そのイメージなら私にもできそう。
詳しく教えてください！

求められるのは主役ではなく名脇役

僕のクライアントである店舗の、店長たちに集まってもらい、デジタル接客について研修を行うと、必ず話題に上がる心配ごとがあります。

なんだと思いますか？

それは、**「あんなインフルエンサーになれるとは思えないです」**という相談。

“インフルエンサー”という言葉自体は、最近よく使われているので、すぐにイメージできるのではないでしょうか？
世間に強い影響を及ぼす人を指す言葉です。

インスタグラマー、ユーチューバー、ひと昔前だとブロガーあたりに、よく該当者が出現しますね。

総じてインフルエンサーと呼ばれていますが、どうも**インフルエンサーを芸能人のように捉えている人が多くいる**ように感じます。
確かに著名人も含まれますが、多くは僕らと同じように生活する普通の人たちです。

インターネットが普及し、誰でもSNSを始められるようになった現在。
芸能人やタレントではない一般の人々も、優れた記事や写真、動画などのコンテンツを発信することで、世の中に影響力を持てるようになりました。

インフルエンサーの指標は、その人が世間にどれだけ影響をもたらすか。
SNS上で言えばフォロワー数が何人いるかが重要になっており、数千人のフォロワーを持つ“ナノインフルエンサー”から、数万人にフォローされる“マイクロインフルエンサー”まで、さまざまなジャンルで存在感を放っています。

マイクロインフルエンサークラスになると、一般人でも企業から商品やサービスの宣伝依頼がくるようになるので、そのジャンルを好むユーザーにとっては、テレビで活躍する芸能人やタレントに匹敵するような存在になっているのかもしれません。

そういった世間の傾向からか、販売員は「インフルエンサーにはなれない＝芸能人やタレントにはなれない」という心配をしている節があります。

でも、あなたが、芸能人やタレントはもちろん、同様のイメージを抱いている**インフルエンサーになる必要はまったくありません**。

デジタル接客で求められているのは、**多くの人の前に立ち「主役」を演じることではなく、店舗で対面接客をしているときと同じく、お客様の「名脇役」になること**です。

店舗で日々努力して仕事を積み重ねた結果、リピーターとなるようなファンがあなたにつくように、コツをつかめば、あなた自身が多くのフォロワーを獲得し、世の中に影響を与える存在になる可能性もあります。
ただ、これはずっと先の話。
フォロワー獲得をゴールにしていては、本末転倒です。

デジタル接客をすることと、インフルエンサーになることは、まったく別の話と肝に銘じてください。

フォロワー数を増やすことを目的にしない

「店舗でアカウントを作って、Instagramを始めてください」

店長クラスの方々。
ある日突然、本社から店舗へとこんな指示が送られてきたりしていませんか？

「うちの店舗のInstagramアカウントを作ったので、みんなで運用しましょう」

店舗に立つ販売員の方々。
ある日突然、店長から自分たちへとこんな指示を出されたりしていませんか？

なんのレクチャーもないまま「お店の宣伝をしてください。頑張ってフォロワー数も増やしてね」と告げられるだけ。
どうやっていいのかもわからないまま、とりあえず商品の写真やコーディネートの写真をアップしてみるも、反応はまったくなし……。
もちろん、フォロワー数が増えることもないまま、月日だけが過ぎていく。

次第に、時間ばかりをとられ、成果も上がらず、それを上司に報告をすることに嫌気がさしてくる。

「フォロワー数も増やしてね」…。
「フォロワー数も増やしてね」……。
「フォロワー数も増やしてね」………。

オーダーにこの一言が含まれている。
“インフルエンサーにならなければ！”というプレッシャーを感じてしまうのも、当然です。

いいですか。
仮にこの一言が、本社や上司、店長から下りてきたとしても、一旦、無視してください。
でなければ、この**悪魔の言葉にとらわれてしまいます**。

使うのは、確かにSNSです。
でもデジタル接客で使う場合は、目的がまったく違ってきます。
Instagramで発信をして、フォロワー数を増やしたりインフルエンサーになったりするためのフローと、オンライン上でお客様に商品を買っていただくためのフローは、別物です。

デジタル接客の最大の目的は「お客様に買ってもらうこと」。
一方、**インフルエンサーになってできることは「お客様を集めること」**。

右上の図のように、2つ並べるとわかりやすいと思います。

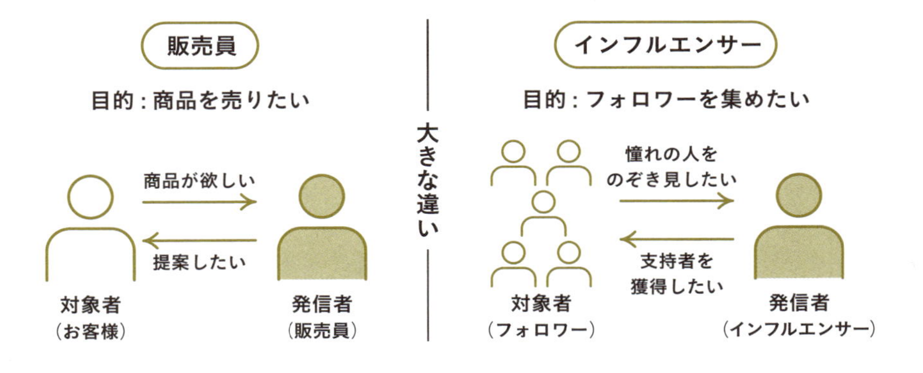

もちろん、お客様が集まってくれるにこしたことはありません。
でも“集める”と“売る”では、求められるスキルも知識も変わってきます。

店舗での対面接客を得意としている販売員は、“売る”に精通したプロフェッショナルですよね。

今からあなたが取りかかろうとしているのは、デジタル接客を通して、**お客様に商品を買ってもらう、つまり“売る”こと**です。

忘れないでくださいね。

そもそもインフルエンサーとは求められていることが違う

インフルエンサーの発信をチェックしていると、セルフィー（自撮り）やおしゃれな私生活の投稿が多く見られますよね。

セルフィーは写真加工アプリで抜かりなくデザインされ、おしゃれな服や雑貨は、トレンドを押さえたものや、憧れのハイブランド。
誰もが羨むような投稿ばかり。
そして人々は、魅力を最大限に引き出したインフルエンサー自身に、惹かれていることでしょう。

では、これを店舗に置き換えて考えてみましょう。

自分の欲しいアイテムを探しにきたお客様は、当然、自分の欲しい物や似合う物に興味があります。

そんなお客様が、キラキラと“自分アピール”している販売員に好感を持つと思いますか？

好感を持たれないどころか、**嫌悪感を与える恐れすらあります**よね。

「憧れのあの販売員に会いたくて」というケースもまれにありますし、それは素晴らしいことです。
でも、最も必要とされているのは**「ニーズに合った商品や、それ以上の提案をしてくれる接客力」であるべき**なのです。
着こなしも、必要以上に自分をきらびやかに見せるのではなく、お客様の参考になるようなおしゃれを心がけているはずです。
どんなときでも、その精神でいてください。

だから、**Instagramの投稿も自分自身を売り込むのではなく、商品を引き立たせ、わかりやすく伝える**。
これこそ、デジタル接客のすべてです。

比較した投稿例を紹介します。

インフルエンサーの投稿

デジタル接客中の販売員の投稿

インフルエンサーの投稿は「いいね！」がたくさんついていますね。
それは、フォロワーを多く集めているから当然です。
でもこの「いいね！」は、身につけているアイテム、インテリア、雑貨などに向けられたものではなく、人に対してのものが大半です。

一方、デジタル接客を意識した投稿はどうでしょう？
商品の特徴がわかりやすいポーズをとるなど、写真にも気をつかい、Lesson2で**ペルソナ設定したお客様を思い浮かべ、商品をFFB分析したうえで、テキストを書き込んでいます**。
購入を考えている人にとって、とても役に立つ投稿ですね。

「いいね！」はインフルエンサーに比べると少ないですが、それはフォロワー数が違うから。
気にする必要はありません。

目的は、「いいね！」の獲得や、自己承認欲求を満たすのではない。
求められている情報を正しく発信し、デジタル接客を通して商品を購入してもらうこと。

インフルエンサーのセールスポイントは人を集めることですが、販売員であるあなたの強みはお客様のニーズを満たし、**気持ち的にも満足させて「また、あなたから買いたい」と思ってもらうこと**です。

店舗で対面接客したお客様が、帰り際に「ありがとう。また来ますね！」と言ってくれた翌月に、本当にあなたに会いに来店してくれる。
あなたのファンと呼んでもいいようなお客様がどんどん増えていくためには、日々、自分の接客スタイルをブラッシュアップし、満足度を上げることが大切ですよね。
同じことをオンライン上でも実践し、積み重ねていけば、多少時間はかかるかもしれませんが、結果的にフォロワーの獲得にも繋がっていきます。

何度でも繰り返しますが、これから取り組んでいくのは、インフルエンサーのように自分自身を売り込んで、「憧れ」を武器にたくさんの人を集めることではありません。

1人のお客様のニーズを満たし、満足度を上げる接客を、オンライン上で突き詰めていくのです。
目の前の人に全力で対応する店舗と同じように、ペルソナ設定した“1人のお客様”に、どれだけ幸せになってもらえるかを考える。
これを目的にしていきましょう。

“利己主義”ではなく“利他主義”が強みになる理由

対面接客をする理由は、商品を購入してもらい、店舗の売上に貢献し、所属する企業に利益をもたらすことですよね。
でも、あなたをはじめとした**多くの販売員は、売上をアップさせることだけ考えて接客はしていない**はずです。

商品が売れれば、それでいい。
自分の売上がアップすれば、それでいい。
店舗の売上がアップすれば、それでいい。

お客様が店に買い物をしに来た理由や要望を置き去りにして、自分の成績や評価のために、とりあえず売れればいいという姿勢で取り組むのは、販売員が一番やってはならないことです。

そもそも、売れさえすればなんでもOKという“利己主義”的な考えで強引に接客しても、お客様には「売上が欲しいから、それをすすめているだけだよね」と見透かされてしまいます。

売りたい気持ちが強すぎて、結果的にお客様はあなたから離れていき、まったく売れない販売員になってしまう。
これは店舗でもオンライン上でも同じです。

では、“利他主義”とはなんなのか？
自分や店舗の利益ばかりを追求するのではなく、お客様の利益を最優先にすることです。
これを実践できている人の多くが、売れる販売員になっています。

言葉にすると当たり前のことのように思えますが、意外と忘れがちなのです。
店の忙しい時間帯などは、余計に行動へ移せない人も多いことでしょう。
簡単なようで実際はそうでないのが現実です。

相手が困っていることを先読みして解決したり、ニーズを満たして相手の利益を生み出したりすることで、自分自身にも結果的に実益が回ってくる好循環を作る。
世の中で売れる販売員とされる人は、利他主義を徹底しているからだと僕は思っています。

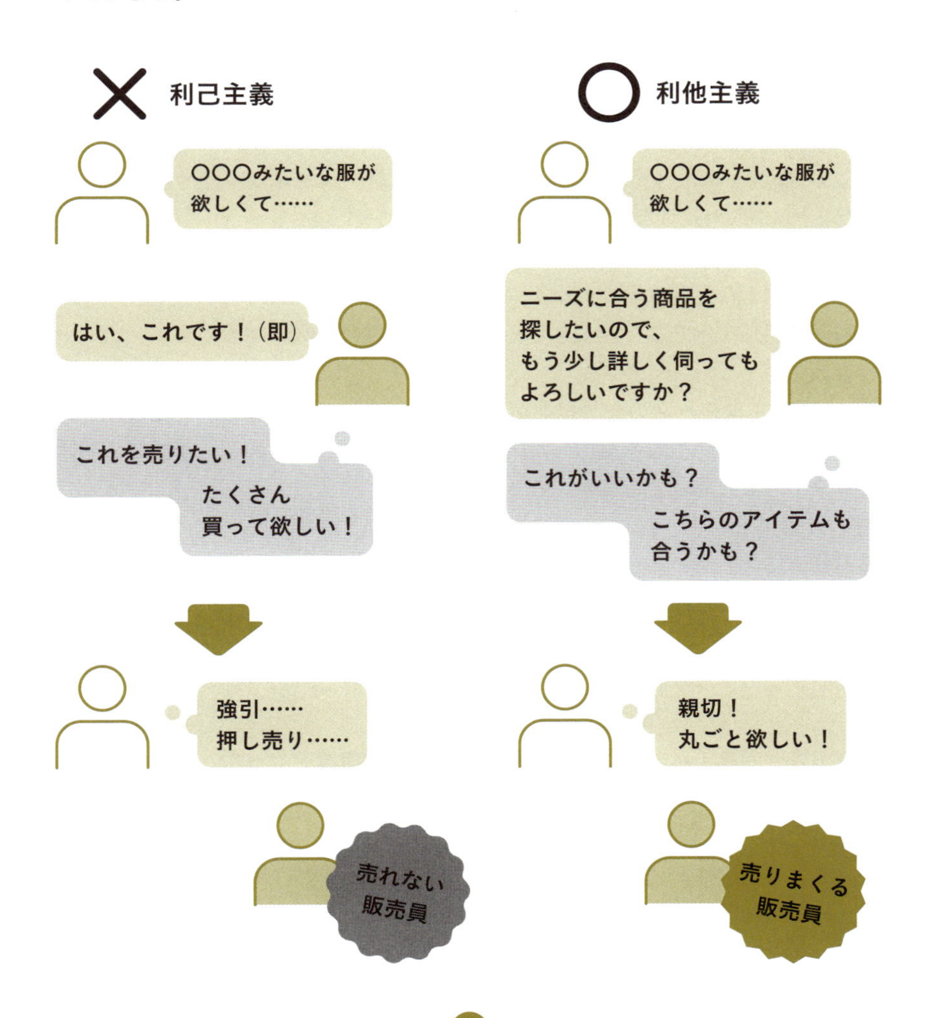

これはデジタル接客でも同じで、「商品を売りたい！フォロワーをたくさん獲得したい！」といったことを感じさせるような投稿が増えてしまうと、商品は売れません。
もちろんフォロワーも増えません。
店舗ではお客様の利益を優先した接客ができるのに、オンライン上では慣れていないこともあって、つい売ることだけを考えた投稿をしてしまったり、フォロワーを増やしたいがために利己主義になったりする人が多くなってしまいます。
要注意です。

店舗で利他主義を身につけ、オンライン上でも発揮できれば、EコマースやSNSの中でも、販売員の存在価値は高まります。

現在のEコマースの多くは、押し売りとまでは言いませんが、売りたい商品をただ羅列しているだけです。
Lesson3でお伝えしたように、数多くの売りたい商品を並べて、利己的に売りたい理由をただ書き連ねているようにしか見えません。
お客様の利益を優先した作りをしているサイトは多くないと感じます。

これからのEコマースの改善に期待もしていますが、それ以上に、お客様の利益を優先し、利他主義を意識した販売員によるデジタル接客こそが、この問題を解決できると思っています。

- 自分の接客スタイルがなんなのかを知り、正しいアプローチでお客様に利益をもたらすことができる（販売員タイプの把握）
- お客様を具体的にイメージできる（ペルソナ設定）
- 商品がどのような価値をもたらすのかを伝えられる（FFB分析）

利他主義を忘れずに、**これまでにお伝えしてきた準備**をしっかりすることが、デジタル接客するうえでの基礎となります。

これさえ忘れなければ、Eコマース、SNSに限らず、どのデジタルプラットフォームでも、あなたの接客は大きな力となります。

ストック型とフロー型って？

デジタル接客するオンライン上の場は、Instagramだけでなく、いくつも想定されます。
例えば、ブログやチャット系のツールも考えられますね。

選ぶ場には、それぞれの良さや特徴がありますが、大きく分けると2つ。

ストック型とフロー型です。

なんだか急に難しくなってきたと思っていますか？
この言葉自体は、デジタル用語というよりも、経済学でよく使われる言葉です。

ストック型＝溜める
フロー型＝流す

直訳するとこうなります。
これでもイメージしづらいと思いますので、もう少し詳しく説明していきましょう。

例えば、あなたが日常的に触れているSNSで言うと、写真や記事を溜めていくInstagramやブログは、おもにストック型になります。

一方、投稿がリアルタイムで流れていくTwitterや、1日だけで投稿が消えるInstagramなどの機能・ストーリーズ、チャット、テレビ電話などは、フロー型と言われています。

ストック型（溜める）は接客ノウハウを詰め込んだ投稿が蓄積されていき、フロー型（流す）はそのときの臨場感と共に接客をするイメージですね。

なんとなく理解していただけたでしょうか？
お客様や店舗の特徴に合わせて**プラットフォームを使い分けできるのも、デジタル接客の利点**ですね。

一覧でわかるよう図にまとめておきます。

	ストック型	フロー型
おもなデジタルプラットフォーム	・ブログ ・Instagram ・Facebook ・YouTube ・STAFF START	・LINE ・Twitter ・Zoom ・Instagram などのライブ機能 ・Instagram などのストーリーズ機能
おもな接客時の表現方法	・テキスト ・写真 ・動画	詳しい表現方法はLesson5 で解説

お客様が使うデジタルデバイス（スマホ、タブレット、パソコンなど）に合わせて、テキスト・画像・動画を編集していきますが、ストック型とフロー型では、使用する場面や活用方法が違ってくるので、説明していきます。

ストック型は、過去の投稿も一役買う可能性を秘めている

ストック型のデジタル接客における代表例を挙げましょう。
ブログだと記事の中で商品を紹介したり、提案したりします。
Instagramだと、商品やスタイリングを、画像と動画を用いて、相手へと視覚的に訴えていきます。

投稿した時点でのリアルタイム性もありますが、作成したテキストや画像は、使用したプラットフォームにどんどん溜まっていき、残り続けます。
お客様自身が店舗のアカウントに飛びさえすれば、いつでも投稿内容を見ることができます。
つまり、**店舗ではお客様とその都度話すことで初めて成立する接客**が、このストック型を活用すると、**一度投稿してしまえば、あなたがその場にいなくても、記事をチェックしたお客様に対して同様の接客を行える**のです。

これは、デジタル接客だからこそできる大きな特徴のひとつですね。

お客様のニーズにヒットした内容や、価値を与える情報の発信が一度できれば、**その投稿がずっとあなたの売上を作り続けてくれる**ということです。
トレンドの移り変わりが激しいアパレル商材では、未来永劫にというのは難しいかもしれませんが、例えば、トレンドに関係なく必ず展開している定番商品などでは可能になってきます。

まるで夢のような話ですが、リアルな話。

ただし覚えておきたいこととして、店舗での動きと比較すると、**対話がほとんどない接客**となりますので、**ペルソナ設定、FFB分析をしっかり準備して、投稿を作り込む必要があります**。

店で、相手の瞬時のリアクションをつかんで対応することを得意としている人には、この“目に見える相手がいない状況”というのが、最初はハードルの高いことのように感じるかもしれません。

でも、こんなときこそ頭の中を“見える化”。
大好きなお客様との対話をイメージしながら、冷静に商品の提案を考え、投稿を作り込んでいけば大丈夫です。

しばらくは苦手意識が抜けない人も多いかもしれませんが、ある程度の数をこなしていけば、自然と慣れてくるもの。
まるで対話しているかのようなクオリティの高い投稿が、必ずできるようになります。

フロー型は、店での動きをそのまま活かせる

フロー型のデジタル接客は、**画面越しにリアルタイムで行っていきます**。

テキストや音声自体は記録として残りませんが、良い接客をすればお客様の記憶には刻まれますし、ツールによっては相互のやりとりが発生しますので、店舗での接客に近いと言えますね。

リアルタイムでコミュニケーションをとることができる、LINEを用いたチャットや、最近テレワークなどでも話題のZoomといった映像を伴うツールを使用したものもあてはまるでしょう。

Zoomで接客した際のイメージです。

〈Zoomで接客した際のイメージ〉

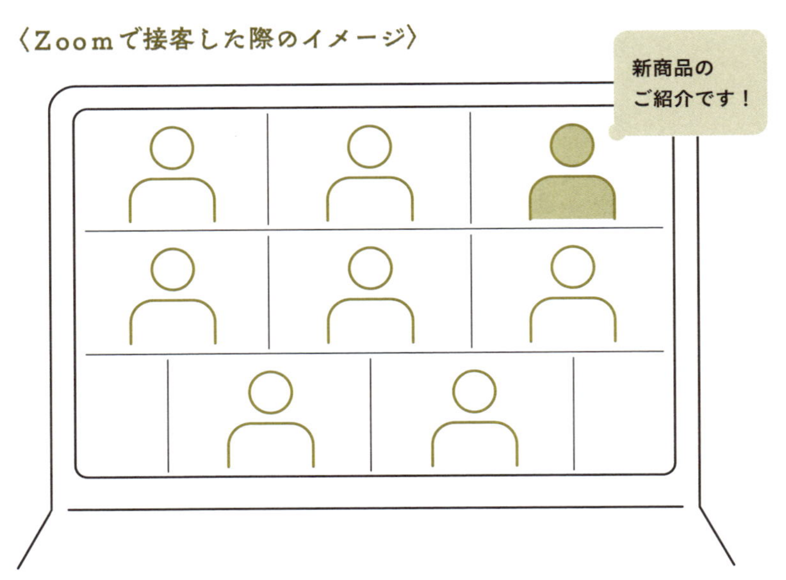

＊Zoomとは、テレビ会議と同様に、映像（ビデオ）と音声を使って違う場所にいる相手とのコミュニケーションを可能にしたツール。ビジネスシーンでの機能が洗練されている。海外を中心に日本でも多く使われているサービスで、最近は国内での利用者も急増している。

フロー型でも、Instagramのストーリーズや、Facebookのストーリーズは少し特殊で、相手とのコミュニケーションはなく、ややストック型とも近いところがあります。
ただし1日で投稿自体が消えてしまうので、僕の中ではフロー型に分類しています。

また、Twitterはリアルタイムで投稿が流れていきますが、アカウントのプロフィールにリンクすれば投稿が残っているので、ストック型とも捉えられます。ただ、特徴としてリアルタイム性の方が強いので今回はフロー型に分類します。リプライやリツイートといった機能を使い、お客様とコミュニケーションをとることができるのも大きな特徴です。

〈リプライの文面例〉

ヨツモトリョウヘイ
@yotsumoto

フォローする

**@△△△△△「ツイッターを見て来ました！」と、夏物のシャツをお買い上げいただき、ありがとうございました！売場に足を運んでいただき、本当にうれしかったです。
シャツ、すごくお似合いでした！**

#ショップヨツモト

＊Twitterにおけるリプライ（リプと呼ばれることが多い）は、ツイートの先頭に宛名を加えて「@（ユーザー名）本文」という形で記述し、指定したユーザーに宛てて送られるメッセージを指す。
また、リツイート（RTと略されることが多い）は、気に入ったツイートを自分のタイムラインに流せる機能で、フォロワーと共有したいときなどに使う。

フロー型は、簡単に言うと**「動画＋トーク」を組み合わせた配信の仕方**で、リアルタイム性があり、お客様とコミュニケーションがとれるタイプと、とれないタイプに分かれます。

こうして見てみると、**フロー型は店舗での接客に近い**と感じませんか？
苦手意識なく実践できそうな気がしますよね。

普段から現場での臨機応変さや即応力に自信があるなら、ペルソナ設定とFFB分析をプラスすれば、**結果が早く出てくる**ことでしょう。
オンライン上であっても、店舗同様、多くのファンがつくこと間違いなしです。

スケジュール管理を制するものがデジタル接客を制する

デジタル接客にチャレンジするときに、注意しておきたいこと。
それは**自分のスケジュールの管理**。

ストック型が特にあてはまりますが、オンライン上では、何時にお客様が来店（閲覧）するのか、基本的には予想ができません。
逐一状況が変化する店舗で勤務しながらデジタル接客を行うには、時間の管理がとても重要になってきます。

さらに言うと、デジタル接客に慣れるまでの間は、**ひとつひとつに時間がかかる**ことを想定しながら取り組まないと、店頭業務にも支障が出てくることでしょう。
ストック型・フロー型共に、あらかじめスケジュールを決めておくことが、継続的に進めていくコツになると思ってください。

●ストック型のスケジュール管理方法

投稿の企画から実際にアップする日まで、準備期間が必要です。

例えばInstagramへ投稿しようとして、今日1日でどんな情報をアップするのかを決め、写真を撮り、加工をし、テキストを考えて投稿しようとすると、慣れないうちは何時間もかかってしまう恐れがあります。
これを考えなしに実行していては、デジタル接客はおろか、店舗業務もままならないですよね。

まずは**投稿日を決定**し、その日に合わせ、**逆算してスケジュールを決定**していくと、スムーズかつ効率良く時間を使えます。

〈スケジュール例〉

デジタル接客 No.70

	日付	時間	内容
①発信	11/8	12：00	Instagramに投稿
②作業	11/6	11：00	撮影
		15：00	写真加工
		16：00	テキスト入力
	11/4	13：00	撮影場所の確認
		16：00	撮影をしてもらえるスタッフの確認
③企画	11/2	15：00	コーディネートの案出し （この時点でテキストも考える。 想定するお客様と、添えたいメッセージ） 商品の確認 （サイズ、在庫数量など）

〈シフト表にも反映〉

2020年 11月度　勤務シフト表　　　**店名　△△△店**

シフト区分	始業	終業	休憩
A	8：00	17：00	1h
B	12：00	20：00	1h
C	14：00	23：00	1h

※デジタル接客の作業は「デ接70①」「デ接70②」「デ接70③」のように、上のスケジュールとリンクさせるなど、わかりやすい表記にする

名前	1（日）	2（月）	3（火・祝）	4（水）	5（木）	6（金）	7（土）	8（日）
◎◎◎◎	休	C デ接70③	A	B デ接70②	休	A デ接70②	休	A デ接70①

投稿日から逆算し、デジタル接客をするお客様（ペルソナ設定）と商品を決める日、構成を決める日、テキストを考える日、写真を撮って加工する日、というように順を追って書き込んでいきます。
ひとつの工程に対し、自分はどの程度の作業時間がかかるのかも、あらかじめ把握しておいてください。

可能であればシフト表に書き込むスペースを作り、自分の出勤に合わせてスケジュールを組んでいくのが良いでしょう。
慣れないうちは投稿までの各工程に、とにかく時間がかかります。
日程だけでなく、**キープする時間もスケジュールへと組み込んだ方が、実行しやすい**かもしれません。
ついつい、店舗作業を優先しがちになってしまいますが、意識的に想定したスケジュールを守るようにしましょう。

慣れてくればスピード感も増し、複数の工程を1日でできるようになってきますので、短期間で多くの投稿が可能となり、よりたくさんデジタル接客ができるようになってきます。

●フロー型のスケジュール管理方法

プラットフォームとして、Zoom、チャット、テレビ電話を想定した話をします。
店舗との大きな違いは、**事前にお客様からアポイント（予約）をいただける**ことです。
自分のシフト表を確認し、**出勤日に合わせてアポイントを入れていく**必要があります。

〈スケジュール例〉

デジタル接客 No.70

	日付	時間	内容
①アポイント日	11／8	12：00	△△△様へZoomにて接客
②作業	11／6	11：00	商品在庫の確認。FFB分析にてベネフィットを明確にしておく
	11／4	13：00	リサーチを元に、提案する商品の選定やコーディネート案を企画
	11／2	12：00	DMにてあらかじめニーズや好みの確認。DMでヒアリングしたニーズに加えて、お客様のSNSアカウントなどをリサーチし、わかる範囲で好みを理解しておく
③アポイント依頼	11／1	19：00	InstagramのDMにてお客様からデジタル接客を希望するとアポイントが入る。まずは接客日時を調整

※フロー型の場合、③のアポイント依頼は突然届くことが多いので、自身のシフトをしっかり確認したうえで①②を決める

〈シフト表にも反映〉

2020年 11月度 勤務シフト表　　**店名 △△△店**

シフト区分	始業	終業	休憩
A	8：00	17：00	1h
B	12：00	20：00	1h
C	14：00	23：00	1h

※デジタル接客の作業は「デ接70①」「デ接70②」「デ接70③」のように、上のスケジュールとリンクさせるなど、わかりやすい表記にする

名前	1（日）	2（月）	3（火・祝）	4（水）	5（木）	6（金）	7（土）	8（日）
◎◎◎◎	C デ接70③	A デ接70②	休	B デ接70②	休	A デ接70②	C	A デ接70①

決定したアポイント日から逆算し、お客様からご提供いただいた情報からニーズを予想し、目星をつけた商品をあらかじめ準備しておきます。

オンライン上でのリアルタイムの接客は、店舗で接客するときとは異なり、**ほとんどが30分など、時間の制約**がかかってきます。
限られた時間の中で、どれだけお客様のニーズ以上の商品を提案し、来店する以上の満足感を与えられるのかが重要になってきます。
そのためには、**事前準備の時間をスケジュール上でしっかりと確保する**ことが大切です。

そもそも、なぜこのようにスケジュール管理をした方が良いのか、考えてみましょう。

ほとんどの販売員はシフト制での勤務なので、始業時間も終業時間も毎日バラバラですよね。
早番シフトであれば家を出るまでの時間は準備で慌ただしく、遅番シフトであれば閉店作業に追われ家に帰り着くのが0時前後になることも。

規則正しい生活を送りづらいのが、この仕事の大変な一面と言えます。

それに加え、ひとたび店舗に入ると、いつお客様がやって来るのかはわからないし、電話での問い合わせや本部からの急な指示が飛んでくることも多い。
暇な時間を見つけてデジタル接客を行えばいいやと思っていても、結局はまとまった時間が取れず、気づけば1日が終わってしまう……。
このように、出勤してから予定を組み立てるのは非現実的なのです。

そんな毎日を繰り返していては、新しいことに取り組む時間を確保することはできません。
だからこそ、**ひとつのデジタル接客の案件に対して、あらかじめ綿密にスケジュールを立てておき、皆で共有するシフト表へと書き込んでおくことがおすすめ**なのです。

「シフト表に余計なことを書き込んで良いのだろうか？」
そう感じる人もいるかもしれませんが、気にすることはありません。
デジタル接客は売上を作るための施策ですから、決して余計なことではないのです。
堂々と書き込んで、自分の作業を積極的に知ってもらい、場合によっては時間の確保への協力も相談していきましょう。
もちろん、他のメンバーがデジタル接客に取り組む際は、率先して店での業務を担っていく姿勢を見せることも大事です。

ちゃんとスケジュール管理をすれば、きっと無駄なことも見えてくるはず。
いらないと判断した作業はどんどん省き、時間の短縮になるような取り組みも導入しましょう。
そして、ときには自分ひとりでなくチームワークで乗り切ることも頭に入れておくと、心にゆとりができるはずです。

効率の良い働き方ができるよう、取捨選択をしっかりと行っていきましょう！

ストック型、フロー型の中でも、何が自分に一番向いているのか考える

ストック型、フロー型、それぞれの特性と準備はしっかりと理解してもらえたでしょうか？
まずは向いていそうな方を気楽に選んでみましょう。

そうしたら次は、それぞれの型で代表的なプラットフォームの中から、**チャレンジしたいと思える場をセレクト**しましょう。
「実はPOPで文章を考えたりするのが好き」
「インスタが一番使い勝手をわかっていて楽」
「動画だとあれこれ考えずに普段通りでいけそう」
きっかけはなんでも大丈夫。

- ニーズに応えたテキストを書く（＝ブログ・チャット等）
- そそる写真を撮る（＝Instagram等）
- 店の感覚で接客トークを動画化する（＝ライブコマース等）

3つの中から、**自分が得意・好きと思えるものを選ぶ**のもいいかもしれません。
次のLesson5では、この3つのおもな運用方法を解説していきます。

ストック型とフロー型……。
知らなかったですし、分類して考えたこともなかったです。
それにインスタで投稿したときのことを振り返ると、店舗業務とのバランスを見ながら、効率的に行う意識なんてありませんでした。

同じチャレンジをしていくにも、ちゃんと基礎が理解できているか否かで、時間の使い方も成果も大きく変わってくるからね。

なんだかもったいないことをしていたなぁ。
反省です。

まずは、インフルエンサーになることとデジタル接客をすることは違うと自分に言い聞かせる。
次に、ストック型とフロー型の区別なく作業するのはもうやめる。
どちらを基準にするのか決めないと、無駄な準備に時間を費やしてしまうかもしれないからね。

どこで発信していくのか決めて、それぞれにベストなアプローチを知っておかないと、結局はペルソナへのフックにならず、結果も出ず……ということですよね？

まさにその通り！
ただやるだけでは意味がないんだよね。

そして常に頭に置いておくべきは、「インフルエンサーではない！」。
押し売りをすると、お客様は不信感を抱いて、次に買ってくださることもないですしね……。

そうそう。
昔は押して売るのもひとつの手だったけど、時代は変わったよ。
押し売りになってしまえば、お客様は逃げていく。
これは店舗でもオンライン上でも同じ。

スケジュールの見直しも大切だと痛感しました。

シフトの書き方ひとつとっても、今まであまり意識していなかったので気をつけます！

お客様の来店のピーク時間など、店舗での仕事って予測しづらいことが多いから、スケジュールが立てにくい側面はあるよね。
でも、まずは確保しようという姿勢が何より大事。
しかも接客以外の業務を振り返ってみると、意外に無駄や効率の悪い部分が見つかるからね。

どんなスケジュールが私に合っているのか、就業時間内に時間を作るためにはどうするべきか、一度じっくり向き合ってみます。
そしてシフトに書き込むようにします！

その意識が定着すれば準備万端だよ！
あとは、どこのデジタルプラットフォームで始めるかを真剣に考えてみよう。

う〜ん、私はどこが向いているんだろう。

ストック型、フロー型も、どちらもできるのがベストだけど、最初は自分に合っていそうな方を選べばいいよ！
さらに、それぞれの中でも接客の場所がいくつか用意されているから、得手不得手を考えて、できるだけ気楽に始められそうなものをセレクトしよう。
それが継続の秘訣。

なるほど。
となると多分私が得意なのはテキストなんだけど、他の写真、動画と、それぞれどんなことに注意してデジタル接客したらいいのか、ちゃんと理解してから選びたいなぁ。

もちろん、具体的な接客術をちゃんと教えます！

Point! | Lesson 4

- デジタル接客は、多くの人の前に立ち「主役」を演じることではなく、店で対面接客をしているときと同じように、お客様の「名脇役」になることが大事
- 接客の目的は「お客様に商品を買ってもらうこと」で、インフルエンサーになることの目的は「お客様を集めること」
- デジタル接客にはストック型（溜める）とフロー型（流す）がある
- ストック型は、一度投稿してしまえば、お客様が店のアカウントに興味を持つきっかけさえあれば、過去の投稿が売上を作る可能性がある
- フロー型は、販売員が元来得意とする店舗での接客に最も近く、取り組みやすい
- 逐一状況が変化する店舗で勤務しながらデジタル接客を行っていくには、日々のスケジュールの管理がとても重要
- 自分が得意なのは、ニーズに応えたテキストを書くことか（＝ブログ・チャット）、そそられる写真を撮ることか（=Instagram）、店の感覚で接客トークを動画化することか（＝ライブコマース）、セレクトしてみる

Lesson 5

自分らしい
デジタルプラットフォーム
を選ぶ

Lesson 5

3つの中から できそうなものをセレクト！

デジタル接客を行っていくときにはストック型とフォロー型があって、それぞれ代表的なデジタルプラットフォームが用意されていることは説明したよね。

はい。
Instagramでは写真。
インスタライブやYouTube、Zoomでは動画。
あとチャットやブログはテキストってところですか？

そうだね。
さっきのLesson4でも説明したように、オンライン上で接客できるデジタルプラットフォームはどんどんと増えていくだろうしね。

これだけたくさんあると、何を使えばいいか迷いますね……。

デジタルは日々進歩していて、デジタルプラットフォームの移り変わりもそれに比例して速くなってきている。
新しいものはどんどん出てきているよね。
それらはデジタル接客する際の選択肢のひとつであって、どれを使うかは大事ではあるけど、本質ではないんだ。

デジタルプラットフォームが変わっても、やることは同じということですか？

そういうこと。
動画、写真、テキストそれぞれの特性を知り、基本的なスキルをしっかり身につけておけば、新たなデジタルプラットフォームの選択

肢が出てきたとしても対応できる。

応用ということですね！

どれからチャレンジしてもOKだけど、覚えていくのはテキスト、写真、動画の順番がおすすめかな。

テキストが一番簡単だから、という理由からですか？

そういうわけではなくて、テキストのコツをつかめば、写真、動画を用いたデジタル接客にスムーズに移行できるんだ。

え、そうなんですか？

今まで学んだことを実践して、あらゆることを“見える化”していれば、動画の脚本も作れるし、写真の方向性もわかりやすくなる。

なるほど。
テキストから頑張ってみるつもりで、学びます！

ちなみにこのLesson5では、それぞれの分野に精通したエキスパートにも会話に加わってもらうよ。

スペシャル講師が登場するんですね！

テキスト編ではマサトくん、写真編ではリコさん、動画編ではアキさんが解説してくれます。
3人には、デジタル接客の質が上がるワンポイントアドバイスだったり、失敗から学んだことだったりを、経験を踏まえて話してもらおうと思っているんだ。
わからないことがあったら、積極的に聞いてみると良いよ！

とても参考になりそうです。
ではさっそく、よろしくお願いします！

デジタル接客をするための3つの手段

デジタル接客はストック型とフロー型に分かれるとお伝えしましたが、メインとなる作業をさらに細分化すると、大きく3つに分けられます。

1.テキスト

文章を書くことに苦手意識がある人は多いと思いますが、ここで言うテキストは小説家やコラムニストになることではありません。
ブログやチャットを使った接客に必要なのは、秀逸なストーリーや知的なコラムではなく、お客様の心を動かす文章。
つまり、店舗であなたが普段行っている**接客をテキストによって"見える化"すること**です。

テキストを用いるおもなデジタルプラットフォームは、ブログやチャット、Twitterになるでしょう。

ブログはテキスト量が多く、ハードルが高く感じるかもしれませんが、**店舗や自分の"見える化"**、**ペルソナ設定**、**FFB分析**を実践し、ポイントをしっかり押さえていれば、後述するフレームワークにはめ込んでいくことで、**意外とスラスラ書くことが可能**です。

普段、スマホでLINEなどを多用していると思うので、文字入力に慣れているでしょうし、スマホを使えばスキマ時間を使って、いつでも周りを気にしないで書けるのが良い点です。

そして、**チャット**はお客様のメッセージにリアルタイムで対応していきますが、**店舗での対面接客に非常に近いやり方**なので、スムーズに対応できると思います。

2.写真

今はスマホのカメラの性能が飛躍的に向上し、十分にクオリティの高い写真を撮ることができます。
カメラマンでなくとも、日常的にシャッターを切る人も多いことでしょう。

写真を使った代表的なデジタルプラットフォームは、なんと言っても今はInstagramです。
もともと高画質で、おしゃれに加工された写真がたくさん投稿されているSNSということもあり、ファッションに興味がある人は多く利用しています。

ディテールにはそこまでこだわらずとも、おしゃれな雰囲気やコーディネートのポイントが伝わる写真さえ撮影できれば、すぐにでも始められます。

商品をより美しく見せるために、**写真加工機能アプリを活用するのもひとつの手**です。
また、**自撮りで自分の魅力を最大限に引き出すように、商品やコーディネートも魅力的な構図を探り**、お客様が知りたいポイントを押さえて撮影していきましょう。

3.動画

テレビよりYouTubeを視聴している時間の方が長い。
そんな人が、若い世代を中心に多くなり、いつでも見たいものを再生できる動画アプリが市民権を獲得しています。

若者だけではなく、幅広い年齢層にまで視聴者を拡大している背景には、やはりスマホが普及し、TVがあるリビングにおらずともどこでも動画を視聴できるようになったことが挙げられます。

動画撮影もスマホで簡単に行えるようになり、動画に対するハードルが下がってきたため、視聴者とクリエーターの両方が爆発的に増え続けており、**今後最も伸びしろのある分野**です。

動画を用いるデジタルプラットフォームにはYouTubeをはじめ、Instagramのライブ機能が挙げられます。

YouTubeと言えば初期のイメージで、ゲーム実況や、やってみた系の動画を思い浮かべる人も多いかもしれませんが、実はファッションの着こなしを配信しているユーチューバーも多く、**YouTubeをチェックして、購入する洋服を決めている人も増えています**。

編集もアプリを使えば簡単にできるので、**短い動画からチャレンジ**していきましょう。

そして、動画の分野でもInstagramは重要なデジタルプラットフォームと捉えられます。
インスタライブはフォロワーに対してすぐに配信できるため、たくさん存在するデジタルプラットフォームのライブ配信の中でも視聴しやすく、今後のデジタル接客をする際の中心となっていくでしょう。

通常の投稿で写真をストックしつつ、リアルタイムという観点からフロー型に属するインスタライブを実践していく。
つまり、**Instagramだけで、お客様へさまざまな手段を用いて接客していけるメインプラットフォームとなるでしょう**。

以上の、僕なりに分類した3つのカテゴリーについて、より詳しい実践編をこれからお伝えしていくのですが……。

気をつけて欲しい点がひとつ。
デジタルプラットフォームは時代と共に変化するということです。

デジタルはアナログに比べて何十倍もの速さで変化しています。
2000年代前半に流行したSNS「mixi」の波がやってきて、その後Facebookが主流になったように、それぞれのデジタルプラットフォームを使いこなすことに重きを置くのではなく、**デジタル接客に必要な3つの手段「テキスト」「写真」「動画」の特性を知り、使い方をしっかり身につけておくことこそが重要**ということ。

たとえ時代が進み、新しいデジタルプラットフォームが登場し、メインストリームになったとしても、3つの手段をマスターできていれば、それらの特性、使い方を新たなデジタルプラットフォームにあてはめていけばいいのです。

では、ここからは「テキスト」「写真」「動画」の効果的な使い方を、その道のプロの話も参考にしながら学んでいきましょう。

「テキスト」を強化するってどういうこと？

3つのデジタル接客の中でも、最初に取りかかって欲しいのが“テキスト＝文字”を使ったオンライン上での接客です。

今までのLessonで自分の“見える化”、ペルソナ設定、FFB分析を学んでもらいましたが、店舗で接客する際と同じように言葉にし、そのままデジタル接客に置き換えることが重要というのが、その理由です。

お客様に合わせて瞬時に対応する販売員だからこそ、**お客様の購入動機に繋がったキラーワードを書き起こすことを習慣化すれば、すぐにでもオンライン上で売上を生み出すことができる**。
だからこそ、本気で取り組んで欲しいのです。

デジタルデバイスが発達した今は、スキマ時間にニュースをはじめとした、いろいろなサイトから情報を得ることができる環境になり、10年前と比べて文字を目にする量が10倍以上になっていると言われています。

自分自身がお客様に話しているコメントをテキスト化できることで、大きく世界は広がってきます。

テキストを使ったおもなデジタルプラットフォーム

テキストを用いたおもなデジタルプラットフォームは**ブログ**やLINEなどの**チャット**です。

アパレル店舗でよく使われていたブログは、サイバーエージェントが提供するアメーバブログが多かったですが、最近では自社HP内に開設した独自ブログや、メディアプラットフォームであるnoteなどがよく使われています。

チャットはLINEがダントツに多く、次いで利用されているのが自社のHPやEコマースでのチャット機能。

ブログとチャットを比べると、**圧倒的に多いのはストック型のブログを使ったデジタル接客**です。
新作の案内やコーディネート提案、セールの告知といった情報だけでなく、店舗やそこに勤務するスタッフの人柄などもアップし、お客様がリアルタイムでチェックしていなくても、後日目に留まる可能性が生まれる。
それが、来店してもらえるきっかけにもなっています。

一方、フロー型のチャットは今のところLINEでの新作案内やセールのお知らせなどが大半を占め、店舗における接客のような会話のラリーまで発展することは少ない印象です。

ただ、**このチャットでの接客はEコマースでは当たり前になってくると予想**されており、現実に今どんどん増えてきています。
今後、**Eコマースでのチャット接客のために、店舗の販売員がチャット専属スタッフになる可能性**も出てくると思われます。

何よりもまず、ライティングスキルを磨く

ブログ、チャット共にテキストを用いてデジタル接客をしていきますが、**言葉をテキスト化していくことをライティング**と言います。

先ほども言った通り、「ライティング＝文章を書く」と聞くと、小説やコラムを書くような難しいイメージを抱きがちで、「自分には向いていない」と思うかもしれませんが、デジタル接客には、小説家のような独創的なストーリーを生み出す能力や、コラムニストのような論理的な考え方は必要ありません。
大切なのは、その文章を読んだ人の心を動かすライティングスキルです。

あなたが書いた文章を読むことで、行動を喚起させるライティング。
つまり、**お客様が購入を決めるきっかけになっている、店舗接客における言葉**こそが、それにあたるのですね。

購入したいと思わせるライティングは、**販売員にしかできないエモーショナルなスキル**です。

普段の接客をライティングで“見える化”できると、さらに2つの良い点が生まれます。

1つ目は、お客様に伝えたいことをテキスト化できるようになると、**今まで直感的に考えていたことやアイデアが目に見える形となり、自分自身ではっきりと理解できるようになります**。

この理解の恩恵として、あとで説明する写真やライブを用いた接客をする際にも、話したいことや見せたいことを、事前に順序立てて組み立てられるようになり、より精度の高いデジタル接客へと繋がります。

2つ目は、**店舗業務にあたり自分の話していたことを、あとから振り返られるようになるので、店舗における接客のレベルがさらに上がります**。

このように、自分の頭の中で考えていることをライティングできるようになれば、一気にデジタル（オンライン上）でもアナログ（店舗）でも世界が広がってくるのです。

お客様の心を動かすライティングのフレームワーク

ライティングスキルを身につけるためには、ブログを使ったデジタル接客から始めるのをおすすめします。

ブログは長めの文章になるので、ついつい苦手意識を抱くかもしれませんが、**慣れないうちはフレームワークを使って文章を組み立てていけば、頭を整理しながらライティングすることができます**。

このフレームワークを自然と頭に思い浮かべてライティングできるスキルを身につけられれば、ブログのような長い文章だけでなく、TwitterやInstagramのテキスト部分、それにチャットでのデジタル接客にも応用できます。

お客様の心を動かすフレームワークとは、以下の5つです。

1.顧客価値（ベネフィット）
2.理由（メリット）
3.事実（ファクト）
4.手段（メソッド）
5.行動（アクション）

では、1から順番に説明していきましょう。

1.顧客価値（ベネフィット）
テキストを使ってお客様にデジタル接客するときは、**最初に結論として顧客価値（ベネフィット）から話すことが重要**です。
気をつけるポイントは、お客様に伝えたいことがベネフィットを含めてシンプルに書き起こせているか。
出だし（導入）で続きを読みたくなるようにするのが重要です。

2.理由（メリット）
次に、**最初にアプローチした顧客価値（ベネフィット）の理由（メリット）を伝えられているか**？
メリットとは、一般的に良いことを指します。
顧客価値には理由があるわけで、それはお客様にとってメリットです。
こちらも簡潔に書きましょう。

3.事実（ファクト）
事実を伝えましょう。
「その商品やサービスがなんなのか」を簡潔に述べます。
お客様の納得が得られるような情報量であることを意識してください。

4手段（メソッド）

具体的にどうすればいいのかを伝えます。
できればここは、**お客様が簡単に実践できる手段**を伝えましょう。
ノウハウやハウツー、もしくはステップアップで伝えるのがコツです。

5.行動（アクション）
今すぐ行動した方がいい理由を挙げることができると、お客様の行動を喚起しやすくなります。
お客様の行動を促すために、最後のひと押しを意識します。

ですが、押し付けがましくならないように注意してください。

フレームワークを用いたブログでの接客例

あなたがコットン100%のTシャツを販売するために、デジタル接客するとして、前述したフレームワークにあてはめたライティングをさっそく実践してみましょう。

まずフレームワークの中心となる、事実（ファクト）・理由（メリット）・顧客価値（ベネフィット）から考えてみましょう。
フレームワーク自体は顧客価値（ベネフィット）から書き始めますが、最初は頭を整理しやすい事実（ファクト）から順番に書き出していきます。
慣れてくれば、結論から書き始めてもOKです。

事実（ファクト）＝コットン100%で作られたTシャツ。
「目の前にある商品がどんなものなのか」を正確に伝えることは最低条件ですよね。

ですが、あなたがお客様に「このTシャツはコットン100%で作られています」とだけお伝えしたとして、多くのお客様は心の中で「だから何？」と思っていて、それだけで購入に繋がる人は少ないと思います。

だから、理由（メリット）や顧客価値（ベネフィット）を伝える必要があるのです。

では、このコットン100%の理由（メリット）や顧客価値（ベネフィット）はなんでしょう？

まず理由（メリット）から考えてみてください。
例えば、理由（メリット）はこんなものが思いつきますよね。
「肌ざわりがいい」
「吸水性に優れている」
「丈夫である」
これらは事実（ファクト）から得られる「誰にでも良いこと」です。

あなたがこの理由を訴求したライティングをするときは、
「これ、肌ざわりがいいんですよ」
「汗もすぐ吸ってくれるんですよ」
「長く着られるんですよ」
こんなライティングになりますよね。

実際、店舗の接客でもこのような理由を伝える人は多いと思います。
でも、それだけではお客様が購入する決め手にならないことが多くないですか？
なぜならば**「自分のこと＝お客様のこと」ではないから**です。
そこで、顧客価値（ベネフィット）を考えていく必要があるのです。

いくらメリットがあるのがわかっていたとしても、自分自身への価値に繋がらなければ、お客様の心は動いてくれません。
つまり、顧客価値（ベネフィット）を考えていくときには、**お客様のニーズを知ることが重要**になってくるのです。

そしてニーズを知るときに必要なのは、**お客様の深層心理を読み取ること**です。

店舗での接客でも、お客様の深層心理を読み取って話している人は、売れる販売員として活躍していますよね。
逆に商品知識ばかりを説明している販売員は、売上もそれなりです。

売れる販売員が瞬時に見抜くお客様の深層心理こそが、顧客価値（ベネフィット）創造に繋がります。

ここまでの事実（ファクト）・理由（メリット）を続けて書くと、
「コットン100%のTシャツなので（ファクト）、肌ざわりがいいんですよ（メリット）。だから****** （ベネフィット）なんです」

この******の部分に活かせるのが、Lesson 2で考えた**ペルソナ設定**。
お客様の深層心理を読み取り、そこからニーズを満たす顧客価値（ベネフィット）を考えます。

例えば30代女性で、休日は自然体で過ごすライフスタイルを好んでいそうなお客様に向けての顧客価値（ベネフィット）になると、
「コットン100%のTシャツなので（ファクト）肌ざわりがいいんですよ（メリット）。だから、起きてから寝るまで、身体も気持ちもリラックスしてお過ごしいただけますよ（ベネフィット）」

お客様の深層心理は「休日はリラックスして過ごしたい」。
そこから考えられるニーズは「リラックスして過ごせる休日着」と仮説を立て、そのニーズを満たすベネフィットを伝えています。

ここまでくれば、もうひと息です。
手段（メソッド）と行動（アクション）に取りかかりましょう。

手段（メソッド）は、
「こちらの3色のお色から選んでいただけますが、まずは使い勝手の良いホワイトを選ばれてはいかがでしょうか？ カラーを選択してご購入ください」
ちょっとしたハウツーを入れ、購入までの道筋を伝えます。

ラストの行動（アクション）は、例えば「しかも、今なら期間限定で送料が無料になっています！」など、**お客様に最後のひと押しをできる要素**を入れていくのがベストです。

でき上がった文章を、フレームワーク順に並べてみると、こうなります。

ショップヨツモト公式ブログ

お仕事でも休日でも！
使い勝手抜群な夏向けＴシャツ

ヨツモトリョウヘイ／2020.XX.XX

こんにちは！
長く続いた梅雨も明け、汗ばむシーズンがやってきました。
家から一歩外に出ただけで暑さを感じ、夜はヘトヘトという方も多いのではないでしょうか？
そんなときは、できるだけ不快感なく着用できるアイテムがあると重宝しますよね。

今回は、起きてから寝るまで、身体も気持ちもリラックスして過ごしていただける、とても肌ざわりが良いコットン100%のＴシャツをご紹介します。
こちらは３色からお選びいただけますが、まずは使い勝手の良いホワイトをセレクトなさってはいかがでしょうか？

コットン100%T シャツ
カラー：ホワイト、ブルー、ブラック
サイズ：フリー
価格：￥4,000+ 税
商品番号：xx-xxxxx-xxxxxxxx

色を選択してご購入ください

なお、今なら期間限定で送料無料となっています。
この機会をお見逃しなく！

ペルソナ設定したお客様の顧客価値（ベネフィット）を最初に書くことで、「あ、私が思っていたことだ」と興味を引き、そのあとに理由（メリット）と事実（ファクト）を伝えていく。
そして、買い方と最後のひと押し！

ブログといった長い文章も、このフレームワークを使えば、スラスラと書いていくことができます。

フレームワークを用いたチャットでの接客例

短い言葉を用いる会話形式のチャットも、**このフレームワークを使えば、回答に詰まることがなくなってきます**。

例えば、先ほどのコットン100%のTシャツを新商品として案内する場合でも、お客様へ伝えたいことを部分的に切り取っていけばOKです。

こんにちは。

暑い日が続いていますが、体調など崩されていませんか？
そんなときにも快適に過ごしていただける、とても肌ざわりの良いコットン 100% の T シャツが入荷してきました！
しかも△△△さんが先日探されていた、青空のようなスカイブルーです！

本当ですか！
それはとても気になります。
そういえば、この前はありがとうございました。
オススメしていただいたスカートを週に3日は穿いています！
アドバイスしてもらったコーデが友達に評判良くて♪

本当ですか！?
すごくお似合いでしたもんね！
そう言っていただけて、うれしいです！

事前に顧客価値（ベネフィット）・理由（メリット）・事実（ファクト）・手段（メソッド）・行動（アクション）を頭に入れておけば、「おすすめ商品はコットン100%のTシャツです」「このTシャツは肌ざわりがいいんです。だから起きてから寝るまで身体も気持ちもリラックスして過ごしていただけますよ」といったように対応できる。
つまり、**お客様が気になっている部分に合わせて、情報を切り取りながらチャットで返信していくだけ**。

ここまでの流れをマスターすれば、あなたも「お客様の心を動かすライティング」を使ったデジタル接客ができるようになってきます。

テキスト編のエキスパートの話

ブログやチャットで接客するときに、慣れるまではこのフレームワークを使って文章を組み立てて欲しいのですが、そのほかにもちょっとしたコツがあるので教えておきますね。

ちょっとしたコツ！
テキストマスター、ぜひ教えてください。

まず1つ目は「初心者にわかりやすく、専門用語をできるだけ使わないようにする」ということ。
ブログやチャットで接客をするときにペルソナ設定はしていると思いますが、それでも目の前にお客様がいないと、ついつい独りよがりになってしまうことが多いんです。
例えば、アパレル業界で働いていれば当たり前に使っているレイヤードという言葉ですが、一般のお客様全員が知っているわけではないと思った方がいい。
「この商品はレイヤードしていただくと、トレンド感が出て……」よりも「この商品は重ね着をしていただくと、より今年の流行りに近い着こなしになります」の方がわかりやすいですよね？

確かにそうですね。
今では当たり前に使っている言葉だけど、アパレル業界で働くまで私も知らなかったことを思い出しました。

店舗で接客する場合は言葉だけでなく、実際に商品を手に持ちながら重ね着の説明ができるので、レイヤードの言葉の意味がわからなくても「あ、なるほど」とお客様に納得していただけますが、テキストだけだとどうでしょう？
知らない言葉が出てくると、お客様はイメージできないですよね。
だからペルソナ設定をして具体的なお客様を思い浮かべながらライティングをする際も、業界の専門用語は使わずに、一番お客様に伝わる言葉を選ぶのがポイントになってくるんです。

これは店舗での接客でも使えるね。
僕たちの当たり前＝お客様の当たり前ではないと考えておかないとダメってことだね。

その通りです。
そして、次のコツは「あなたの人間性やキャラクターがちゃんと伝わるようにする」こと。
店舗における接客でも、「最後はあなたに言われたから思わず買っちゃったわ」なんてお客様も多くないですか？

何度もご来店いただいているお客様からは、そう言っていただけますね。

それと同じですね。
店舗接客の場合、お客様は販売員の容姿やファッション、話し口調などを通して、人間性やキャラクターを判断できますが、テキストだけになるとどうしても伝わりにくくなります。
ですが、ブログやチャット上でも最後に購入を決めるひと押しになるのは、店舗販売のときと同じ。
ライティングであなたの人間性やキャラクターを表現できるようになれば、テキストでの接客だけでも「また、あなたから買いたい」

と思っていただけるようになります。

テキストだけの接客で、どうすれば伝わりますか？

やり方は2つあって、まず1つ目は自分の話し口調の特徴を作る。
例えば、語尾を「ですね」で統一することで優しい感じが表現できます。
逆に「です！」で文章をまとめることで力強い感じを演出できますよね。
このように、文章の語尾で言葉の特徴を作ることで、お客様があなたに抱く印象を変えることができます。

本当だ……！
語尾ひとつでずいぶんと印象が変わるのがわかります。

そしてもうひとつが、パーソナルな情報を入れ込んでいくこと。
店舗での接客では自分の好きなものや嗜好などを、自然と活かせていると思いますが、簡潔さも求められるテキストになると抜け落ちてしまいがちです。
例えば、「コットン100%の生地なので、うちの飼い猫も気持ち良いのか、すぐに上にのってくるぐらいです」という一文を入れるだけで、猫を飼っていることがお客様に伝わります。
「猫を飼っている＝優しくて温和」、そんなイメージを抱いてもらえるかもしれません。
しかも、猫好きなお客様が読めば、それだけで親近感が湧きます。
無機質になりがちなテキストでの接客でも、接客に邪魔にならない範囲で、あなたのパーソナルな情報を入れ込んでいくだけで、お客様にあなたの人柄やキャラクターが伝わって、ファンになってもらいやすくなるんです。

テキストになると、自分のことは書いてはダメだと思っていましたが、違うんですね。

自分のことばかりを書いてしまうのはNGですけど、そこも店舗での接客と同じです。
例えばブログでは、自分のキャラクターが少し伝わる程度の文章を入れていき、そこからさらに踏み込んだチャットでの接客の際は、もっとパーソナルな情報を発信して、より深い信頼関係を構築する。
こんな方法がベストだと思います。

不特定多数の人が目にするブログでは、少しだけ自分のカラーを出して、1対1のチャットのときは、より心を開いてもらえるように、ケースバイケースでパーソナルな情報を盛り込んでいく。
こんな解釈で合っているかな？

はい、その通りです！
フレームワークを使ったライティングに慣れてきたら、これらのちょっとしたコツにもチャレンジしてみてください。

やってみます！

「写真」を強化するってどういうこと？

スマホを持つことが当たり前になり、手軽に写真を撮影できる今、毎日何かしらの写真を撮っている人も多いのではないでしょうか？
ただ、デジタル接客には一眼レフやミラーレス一眼などの性能の良いカメラが必要……。
でも、そんな高価なものを購入しても複雑な機能を使いこなす自信はない……。

なんて思っていませんか？

心配いりません。
スマホのカメラでも十分素敵な写真が撮れるのですから。

スマホのカメラは年々性能が上がっており、SNS程度であれば問題なく投稿できる、クオリティの高い写真を撮れるようになっています。
さらに無料のアプリでちょっと手を加えれば、もっと見栄えのする写真に加工することが可能です。

「テキスト」「写真」「動画」の3つの中でも、取りかかるには一番ハードルが低いと思います。
（でも、どんな写真もテキストを添えることが一般的なので、やっぱりこの本ではテキストから習得することを推します）

写真のクオリティには関しては、スマホでも最低限のレベルをクリアできる今だからこそ、**販売員にしかわからないお客様が気になる点にフォーカスした、中身のある写真を撮ることが大切**です。

写真を使ったおもなデジタルプラットフォーム

写真を使ったデジタル接客で使用するおもなデジタルプラットフォームは**Instagram**ですが、**STAFF START（スタッフスタート）**にも注目です。

STAFF STARTについては、Lesson6にて詳しく説明しますので、ここではInstagramを写真カテゴリーの代表的なプラットフォームとして説明していきましょう。

今までストック型の代表であったブログよりも、近年はInstagramを用いて接客をする店舗が増えてきています。

ブログを書くことに比べると、写真を撮るだけで簡単に情報を発信でき、またInstagramはファッション感度の高いユーザーが多いこともあって、ほとんどの店舗がブログと併用か、もしくはInstagramのみの運用に切り替えています。

でも、お客様にきちんと伝えたい情報を届けられる投稿ができていますか？
簡単に投稿できるからといって、**心に響かない写真ばかりをアップしていては意味がありません**。

デジタル接客ができる写真を撮るためには、見栄えだけではなく、写真の中身そのものが重要になってきます。

接客効果を高める写真の中身とは？

ここからは、店舗の販売員だからこそできる、中身のある写真を使ったデジタル接客の方法をお伝えしていきます。

商品それぞれには、お客様にとってその商品を買うときに外せないポイントや、購入の動機になるような、**パッと見ただけではわからないポイントがあります**よね。

その情報を把握しているあなたがやることは、そのポイントを写真でしっかりと見せることです。

よくあるEコマースの商品の写真は、商品のアピールポイントだけに注目して、できるだけおしゃれに、素敵に見せようとしています。
しかし、店舗で接客するときに、商品のいいところばかりを伝えても、お客様が抱いているイメージと差異があれば、買っていただくまでに至りませんよね？

商品のいいところばかりではなく、使う際の注意点、躊躇されている部分の解決策なども併せてご説明してこそお客様の信用をつかむことができます。

何を気にされているのかを理解し、店頭で説明ができていれば、写真でもそれと同じように、商品の魅力と共に注意点やパッと見ただけではわからないポイントに焦点を絞ることができる。
これこそが販売員が目指すInstagramの投稿です。

店舗での接客同様、表面的な良い部分を押し付けるだけではなく、**お客様が知りたいところをちゃんと写真に撮ってあげる**ことで、的確なデジタル接客に繋がります。

僕のクライアントがEコマースで実践した例を紹介します。
20万円以上もするカバンが、毎月コンスタントに売れるようになった“写真の中身”とはなんだと思いますか？

店頭でカバンを品定めされているお客様を見ていると、デザイン性やサイズなどパッと見てわかる情報だけじゃなく、お客様が必ず確認される部分がいくつかあります。

そのひとつが、**カバンの中のポケットの数とサイズ**。
カバンはデザインだけなく、物を入れて運ぶという機能性も重視され、その際に中のポケットの仕様が購入の最後のひと押しになる場合も多くあります。

貴重品を入れられるようなファスナー付きのポケットがあるか？
中のポケットがスマホの入るサイズになっているか？
などです。

店舗では、お客様が気にされるだろう点を予測して、さまざまなことをしっかりと説明するように、**Instagramでも、表面だけ見てもわからない、中身のある写真をアップすることが重要**になってきます。

良い写真

yotsumoto
イニシャル入りトートバッグが登場！ A4 サイズのノートや手帳もすっぽり入るサイズ感がうれしい商品です。
ファスナー付きの内ポケットが 1 つ付いているのもポイント高し！

悪い写真

yotsumoto
イニシャル入りトートバッグが登場！なんでも詰めやすく使い勝手の良い商品です。

お客様のかゆいところに手が届く写真を、より良く撮るために

オンライン上で重宝される、中身のある写真がどんなものかわかったところで、次に最低限必要な写真のクオリティを確保する方法を知っておきましょう。

●商品だけを撮影する

商品撮影に大切なのは、ズバリ光。
商品を撮影するときに、一番気をつけたいのは**写真の明るさ**です。
店頭でも商品に対して、スポットライトの当て方ひとつで売れ行きが変わるように、写真も同じ。

本当は**午前中から昼あたりの自然光で撮るのがベスト**なのですが、店内では難しいのでスポットライトを当てるか、加工で写真を明るくしていきましょう。
自然光での撮影が難しい店舗でも、加工を施すことにより、肉眼で見たときと近い色合いの商品写真にすることができます。

そして、実際に商品の情報を投稿する際には、何枚かの写真を使うことになると思います。

まず**商品の顔とも言える1枚目の写真は、正面から撮ったものが基本**とされています。
店舗でも、売りたい商品をお客様から見て正面にレイアウトするのと同じですね。

ここで気をつけて欲しいのは、写真の余白部分です。
ついつい商品に寄って撮影してしまいたくなる気持ちはわかりますが、**商品がフレームの中央になるよう構図を決め、上下左右にある程度の余白を持たせて撮影**してください。
そうすることによって、商品の形やサイズ感も引き立ちます。

さらにもうひとつ注意したいのが、**その余白が均等**であることです。

良い写真

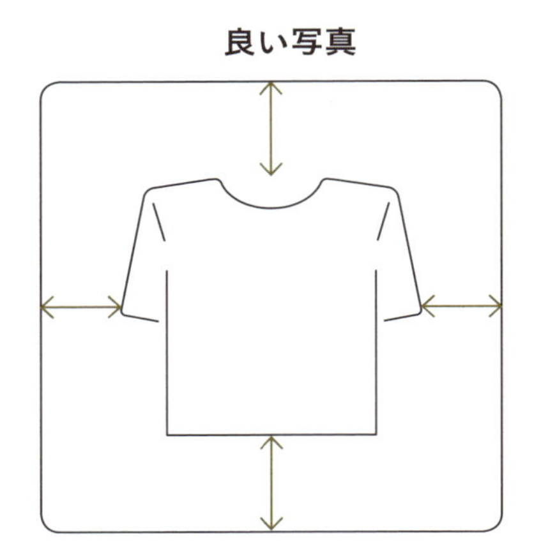

悪い写真

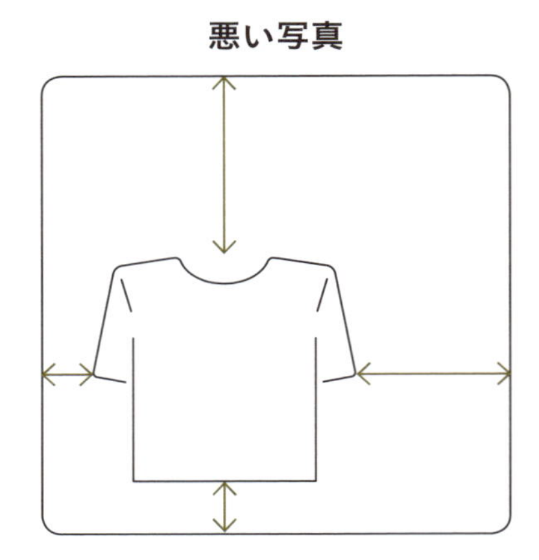

商品を中央に置き、上下左右、均等に余白を取ることでバランスの良い写真ができ上がります。

店舗でも、商品がより良く見えるレイアウトは、空間を上手に使えている場合ですよね。
それと考え方は同じです。

●コーディネートを撮影する

自分や同僚のコーディネート写真を撮るときは、先ほどの商品だけの撮影とは違い、商品の全体像のイメージがつかみやすい構図であることはもちろん、**背景も含めたトータルで写真が見られることを意識**しましょう。

写真の撮り方は**全身のコーディネートが写り、できれば毎回コーディネートに合わせた背景の場所で撮るのが理想的**。
ただ、店舗から出て屋外で撮影する時間を確保できない場合は、**シンプルな背景の撮影ポイントを見つけ、毎回同じ場所で撮る**ようにしましょう。

実際に撮影する際のポイントは、**被写体の腰の高さでスマホを構え、真正面か少し斜め上に向けて撮影**すると、コーディネートがすっきりと見える写真になります。

商品とコーディネートでは、写真の撮影方法や考え方の基礎は同じでも、お客様へのデジタル接客の種類は変わってきます。

商品写真は、お客様がある程度欲しいアイテムが定まった上で探しにきていることを前提に撮影していくのがいいでしょう。
つまり、パッと見ただけではわからない、中身のある写真ですね。

一方、**コーディネート写真は、何気なく投稿に触れたお客様がその写真を通して新しい発見があり、購入検討に繋がる**ことをイメージして撮影してみてください。

例えば、着用のシチュエーションが背景からはっきりとしている、シャツのフロント部分のみインしているなど、着こなし方まで伝わってくるといったような方向性が良いでしょう。

中身のある写真をInstagramに投稿し、効果的な接客を行う

中身のある写真の撮り方と、その写真を使ったデジタル接客のイメージがわかったら、さっそくInstagramに投稿してみましょう。

SNSの中でもInstagramにファッション系ユーザーが一番多いことは先ほどもお伝えしましたが、今では写真だけでなく、テキスト部分もフォロワー獲得の大きな要素になってきています。
ですので、前述した**テキストの作り方との合わせ技でスタート**してみてください。

まずは、店舗のアカウントではなく、接客したお客様にお伝えするためのアカウントを作りましょう。
公式アカウントではなく個人用なので、あまりプレッシャーに感じることなく、お客様に伝えることができると思います。

できれば**1日最低1回投稿**を目指して、毎日発信していきましょう。
店舗だって毎日ちゃんと営業しているからこそ、お客様が来てくれるのと同じです。
これらをルーティンとして実践していけたら、店のアカウントでの投稿も抵抗がなくなるでしょう。
そして個人用も、店舗用も、お客様にとって“自分ごととして考えてくれている”温かい接客アカウントとして成長していき、**結果としてフォロワー数もついてくる**はずです。
前のLesson4の繰り返しとなりますが、くれぐれも**「インフルエンサーにならなきゃ！」という考えは持たないで**くださいね。

Instagramの運用法は、書籍からWEBまで、すでに世の中に膨大な情報が発信されているため、あえてこの本では書きませんが、僕が主宰するWEBサイト「Topseller.Style」では、『「こだわり」が収入になる！インスタグラムの新しい発信メソッド』の著者で、Lesson7にも登場する艸谷真由さんが、販売員のためのInstagram運用法を詳細に記事にしてくれています。
そちらもチェックしてみてください。

写真編のエキスパートの話

中身のある写真の撮り方はもう大丈夫そうですね！
せっかくなので、その写真をInstagramで使う際のちょっとしたコツをお話ししにきました。
よろしくお願いします！

よろしくお願いします！

まず、Instagramのアカウントについてですが、必ず正式名称にしてください。
略したりすると、お客様がタグ付けをしたいなと思ったときに、「探せない＝タグ付け不可」となり、せっかくのUGC（購入者自身が発信した写真）がアカウントに紐付きません。
お店の正式名称がすでにほかのアカウントに使われてしまっているという場合も、検索に繋がる正式名称のあとに、officialとか、store とか、何かしらの単語をつけて調整してください。

アカウント名ってそんなに大切だったんですね。

そうなんです！
また、お客様が店舗アカウントの投稿を見て、「行ってみたい！」と思っても、営業時間などの情報が抜けている店舗が結構あります。
不定休のお店は、お休みの日程が決まり次第、月ごとにストーリーズで配信をして、ハイライトに「今月の定休日」とお知らせしておきましょう。
営業時間についても忘れないように記載することが大切です。

確かに、Instagramには店舗の営業時間とかは記載していませんでした。でも、言われてみればそうですよね。私も行きたいカフェを見つけたときに、仕事帰りでも開いているかどうかGoogleで調べた経験があります。

Instagramは今やHPよりも閲覧数が多いだろうし、そこにちゃんと情報を載せておかないとダメってことだね。

Instagramをオンライン上の店舗だと思ってください。
そして最後に大事なことをもうひとつ。
Instagramでデジタル接客をしているのに、商品の購入先の案内ができていないアカウントをよく見かけます。
せっかくデジタル接客を頑張っても、どこで買ったらいいのかわからなければ意味がないですよね？
お客様は手軽さゆえにSNSはチェックしていても、そこから自身で検索したりするのがわずらわしいという人は多いんです。
どこで購入すればいいかわからず、買う気がなくなってしまうことだってあります。
Instagramからどうやって、商品の購入ページにたどり着くのかを、わかりやすくしておくのはマストなんです。

すごくわかりやすいね！
解説をありがとう。

「動画」を強化するってどういうこと？

最後に、動画を使ったデジタル接客の方法をお伝えします。

販売員の本来の動きである、**店舗での対面接客に近いのが動画**です。
「テキスト」「写真」と比べると、編集が必要といった観点から、最もハードルが高そうな気がしますが、店舗の状況に似ていると捉えると、動画はそこまで敬遠するものではありません。

メリットは、**お客様に商品を360°見ていただける**ことや、生地のドレープ感といった**ディテールまで伝えやすい**こと。

このように商品をわかりやすく見せられるのが、動画の最大のメリットではありますが、デジタル接客をする販売員の人間性やキャラクターなどがストレートに伝わるのも魅力です。

話し方や声のトーンは音声だけでも伝わりますが、動画であれば店舗での接客がうまい販売員がよく使う**「手の動き」を駆使できる**のも大きいでしょう。

商品の触り方や、持ち方。
それに、商品を説明しているときの手の動かし方。
接客が上手な販売員は、この所作だけでお客様の注意を十分に引くことができますよね。

またLesson 1の自分の"見える化"を徹底的に行っていれば、日ごろのどういう言動が購買へと繋がるのかも、しっかりと研究ができているはず。
自身の良い点を積極的に取り入れていくことで、配信する際の効果は何倍にも膨れ上がることでしょう。

動画こそが店舗での対面接客に一番近く、今まで積み重ねてきた経験も大いに活用できるのです。

動画を使ったおもなデジタルプラットフォーム

動画を使ったデジタル接客は、今までは**ストック型に分類されるYouTubeがメイン**でした。

ですが、**これから主流になろうとしているのがフロー型の「ライブコマース」**です。
このライブコマースはInstagramなどのライブ配信機能を使い、**リアルタイムでお客様にデジタル接客をしていきます**。

最近耳にし始めた人も多いであろう、ライブコマースという言葉。
実際にこの言葉が使われるようになったのが2018年あたりからなので、まだまだ新しい分野と言えますが、デジタル接客先進国の中国では、すでに当たり前に取り入れられています。

日本でも5G導入により、通信が高速化することで、映像が鮮明になるのはもちろん、タイムラグがなくなったり、よりストレスなくライブ中継を視聴できたりするようになる。
つまり、スマホ越しにリアルタイムでお客様をデジタル接客する未来は、すぐそこまで来ているということです。

ですので、この後はこれからの主流になるライブコマースを使う方法についてお伝えしていきます。

ライブコマースを使ったデジタル接客とは？

ライブコマースとはおもにインフルエンサーなどがライブ動画を配信し、お客様がリアルタイムで質問を送ったり、コメントを送ったりしながら商品を購入できる“新しいEコマースの形”と言われており、今ではインスタライブなどを活用して、一般人の活用も目立ち始めています。

ライブコマースは、日本の全人口の約30%程度が利用していると言われています。
利用者は年代によってバラツキがありますが、**最も多い世代は10代で、利用者の40%以上**。
さらに、国民の利用率が約30%の現状においても大きな売上を作っているだけに、今後も利用者は増加の一途をたどり、分野として著しく成長していくと予想されています。

ライブコマースのイメージはテレビショッピングに近いと思われがちですが、**ライブコマースとテレビショッピングの大きな違いは、「相互に作用する」インタラクティブ性**です。

テレビショッピングがテレビ側から視聴者へ一方向に発信する手法なのに対し、ライブコマースはリアルタイムで質問やコメントができ、お客様は店舗で接客を受けるときと同じように、その場で疑問点を解消しながら商品の購入を検討できるのが特徴です。

例えば、「その服は自宅で洗濯ができるの？」「正面からだけではなく、横向きからも映してください！」など、さまざまな質問や要望を発信者に投げかけることができるのです。

その様子は、視聴しているほかのお客様も確認することができます。
つまり、一方的な情報発信であるテレビショッピングと、発信者とお客様がコミュニケーションをとれるライブコマースは、まったくの別物で、後者の方が、より店舗での接客に近い形になっているわけです。

〈ライブコマース〉
相互にコミュニケーションがとれる

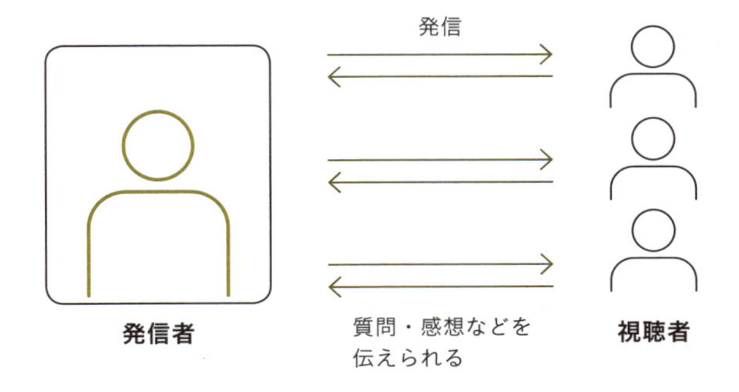

〈テレビショッピング〉
一方的な発信に終始する

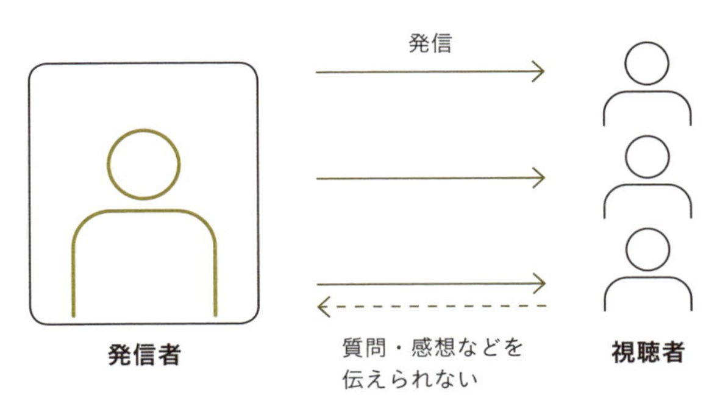

Instagramのライブ機能利用から始めてみる

ライブコマースは、商品やサービスを紹介し、お客様の購買行動を促す動画でなくてはなりません。
よくあるテレビショッピングのように、宣伝色や売りつけ感が強すぎると、お客様は「買わされそう…」という不安を抱き、逆に離れていってしまいます。

一番大切なことは店舗での接客と同じように、**お客様の気になるところを聞き出し、それに適切に答えていくこと**です。
テレビショッピングのように不特定多数の相手に向けて情報を配信する番組とも違いますし、YouTubeのような個人によるネットストリーミング配信とも異なる、新しい動画の活用方法です。

スマホ特有の縦動画であるうえ、距離感が近く、ライブ配信ならではの双方向コミュニケーション。
お客様の視点で考えると、親しみやすいデジタル接客方法と言えます。

お手軽すぎる配信方法をチェック

Instagramは写真の投稿機能だけではなく、ライブ配信機能も備えているので、まずは**Instagramでライブコマースを始めてみる**のがいいでしょう。

インスタライブとは、自分のフォロワーに対してライブで動画配信できるのはもちろん、**フォロワー以外も視聴できる機能**のことです。

インスタライブもほかのライブコマース同様に、配信中にコメントのやりとりなど双方向コミュニケーションが可能なので、あなたがお客様からの質問に答えることでデジタル接客の場となります。

しかも**24時間限定で動画を公開し続けるといった使い方もできる**ようになっており、最終的にはストック型のツールの使い方もできるのがうれしいポイントですね。

インスタライブの配信方法は、誰でもすぐに取りかかれるほど簡単！ここでは基本の手順を紹介しておきます。

まず、ニュースフィード左上のストーリーズと書かれた「＋ボタン」をタップして、ストーリーズの新規投稿画面を開きます。

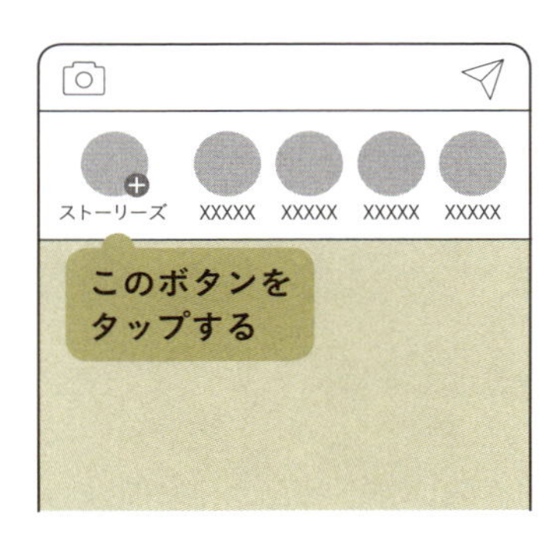

次に、ストーリーズのモードで「ライブ」を選び、中央の丸いボタンをタップすれば、簡単にライブ配信をスタートできちゃいます！

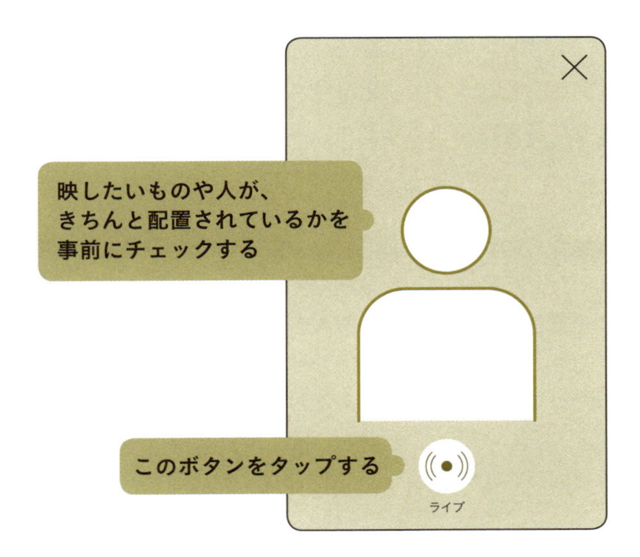

ライブ配信中は、画面上部に「ライブ動画」と書かれたマークが表示されているので確認してください。

ライブ配信を終了するときは、画面右上の「終了する」をタップします。
この際、終了画面で「ストーリーズでシェア」を選べば、ライブ配信した動画を24時間限定で公開しておくこともできます。

簡単にできるからこそ、ちょっとした工夫を

Instagramのライブ機能は、誰でも簡単にできるからこそ、ちょっとした工夫が必要です。
ここからは大きな差がつくポイントを押さえていきましょう。

それは、**事前の告知をちゃんとする**こと。

Instagramのフォロワーに向けて「○月△日×時からインスタライブを行います！」という事前の告知をするだけでも、視聴者数は大きく変わってきます。
定期的なライブ配信日時が決まっている場合は、店舗に来店したお客様にアカウントをお知らせする際に**「毎週◯曜日の何時からライブ配信をやっています」と積極的に告知**していきましょう。

特にInstagramの運用を開始したばかりでフォロワー数が少ない時期は、来店されたお客様ひとりひとりに直接告知することが、販売員にとって大きな強みになります。

ライブ配信当日は、**お客様からの質問や疑問に対して店頭における接客時と同じように答えましょう**。
これこそが、**ほかのライブ配信者と差別化できる大きなポイント**でもあります。

単に質問や疑問に答えるだけでなく、その先にあるお客様の本当のニーズを読み取り、先回りして話す。
普段の店舗で行っている対面接客での経験を、フル活用してください。

また、ちょっと番外編になりますが、インスタライブの動画を本部の企画やMDに見てもらえれば、**リアルなお客様の声を共有できる機会**になり、商品企画などに活かしてもらえる場所にもなります。

普段、店舗に来店された方の声を本部の企画やMDに伝えていると思いますが、臨場感を持って共有するのは難しいですよね。
でも、お客様にインスタライブに視聴者として参加してもらえれば、レポート上でテキスト化されたコメントよりも、**ライブ感のある声を本部に届けることにも繋がる**。
商品企画に活かしてもらえれば、店頭で本当に売れるアイテムを創出しやすくなり、店舗の売上もさらに向上していきますからね。

最後に大事なことをひとつ。
ライブ後は、**お客様からのコメントや視聴者数などをしっかりと分析**してください。

インスタライブで効果的なデジタル接客を継続していくには、ライブ配信後に、なんの商品のどんな接客に対して反応が良かったかを振り返ることも重要です。

ライブ配信中、「ライブ動画」と書かれたロゴの隣にある「目のマーク＋数字」で**現時点での視聴者数を確認できます**。
ライブ終了時には終了画面に累計の視聴者数が表示されるので、トータルで何人のお客様にデジタル接客できたのかがわかります。

そのほか、似たようなラインのアイテムであるにもかかわらず、一方だけがよく売れた場合、結果が出た方には、秀でたセールストークやわかりやすい手の動き、視聴者への対応がなされている可能性があります。
店舗接客時には、自分の日ごろの動きを動画に収めて振り返るというのは難しいものですが、**ライブ配信だと後に客観視できる**のも利点ですね。

ライブ配信時の総接客数、購入者数といった細かいデータを店舗で分析し、次の機会に活かしていけるようにして、動画を使った接客のお客様満足度を上げていきましょう。

動画編のエキスパートの話

私はInstagramを使ったライブ配信を毎週やっているんだけど、ライブ配信は店舗における接客に近くて、やっている本人も、とっても楽しいです！
でも、ちょっとだけ気をつけて欲しいこともあるので、今日はライブ配信するときのちょっとしたコツをお伝えしますね。

ライブ配信はまだやったことがないので、お願いします！

店舗での接客に近いけど、やっぱり画面越しになるので、普段通りにこなしていると店舗と同じようには伝わらないことが多いな〜と。だから、店舗で接客しているときよりも、1.5倍ぐらい高めのテンションで進行していくのがおすすめで〜す！！

今でも十分テンション高い！（笑）
でも、言われてみればそうだよね。
画面越しになると、ついついこっちも緊張しちゃったりするし。

いつもよりもちょっとテンション上げてやります！

店舗でも繁忙期になると、接客しているお客様だけじゃなくて、周りにいる人たちにも聞こえるように、わざとちょっと大きめの声で話したりすることがあるけど、そんな感じかな？

まさにそうです。
ライブも1人のお客様に接客しているイメージは持ちつつも、周りにその接客を聞いているお客様がいる感じでやってもらうと、ちょうどいいと思いま〜す！
あとは、ライブならではの商品の売れ方もあったりしますね。
いきなりですが、店舗だとどんな商品がよく売れますか？

店舗の売れ筋をカラーで見ると、黒・白・グレーが売上の7割ですね。

ですよね！
私のお店も、ピンクや黄色などカラフルでかわいい服も多いんだけど、トータルで考えるとモノトーンがやっぱり売れ筋になっちゃう。
でも、ライブで接客すると今日着ているピンクの服や、店舗では売れにくかったちょっと派手目なカラーの服がよく売れちゃったりします。

店舗とは全然違いますね。
画面越しになると、モノトーンの服は特徴が伝わりづらいからですか？

多分、それもあると思います。
でもモノトーンが売れないってわけじゃなくて、ちょっと派手な服の方が画面映えして、店頭よりもお客様の心に響くのだと思います。
スマホでネットショッピングしているときの方が、きれいな発色の商品に目がいっちゃうこと、多くないですか？
あと、店だと「ちょっと派手かな……」で終わるけど、スマホでならゆっくり見て考えられるっていうのもあるかもしれないですね。

店舗での接客に一番近いかもしれないけど、お客様の多くは自宅で見ている人が大半だもんね。
販売員が普段よりテンションを上げるように、お客様の気分や商品の見方も、来店時とは若干違うと考えておかないとダメってことだよね。

おっしゃる通りです！

確かに私も家でスマホを見ているときと、お店に買い物しに行くときとでは、全然テンションが違います。
そこまで考えた上で接客することが大事なんですね！

3つの手段を学んでわかったこと

「テキスト」「写真」「動画」で使うデジタルプラットフォームと、それぞれにおけるデジタル接客のやり方は理解できたかな？

どれも特徴があって、やりがいがありそうですが、やっぱりまずは基礎となりそうなテキストからチャレンジしてみたいと思います。

その心がけはいいと思うよ！
あと、最初は自分が楽しみながらできそうな分野からチャレンジするっていうのもひとつの手だね。

自分の頭の中で思っていることを言葉にしていくことが単純に楽しそうだなって話を聞いていて思いました。
それに自分の考えをテキスト化することで、写真や動画に挑戦する際も、どんなことをお客様に伝えたいのか、比較的簡単に整理できそうですしね。

頭の中を“見える化”すれば、店舗での接客も見直せるしね。
デジタル接客にも対応しながら、日常の業務でも役に立ってくるわけだ。

早くお客様のために文章を書きたくて、うずうずしています！
まずはブログ、始めていきま～す！

Point! | Lesson 5

テキスト編

- 店頭の対面接客で話したことを言葉に書き起こしていけば、すぐにでもデジタル接客で活躍できる
- テキストを用いたデジタル接客で使用するおもなデジタルプラットフォームはブログやチャット
- テキストを用いたデジタル接客で必要なのは、人を動かすライティングスキル
- ブログは長めの文章になるので、慣れない間はフレームワークを使って文章を書いていくこと
- 短い言葉を使う会話形式のチャットも、フレームワークで先に会話を組み立てておけば言葉に詰まることがない
- 使う言葉は一般の人にわかりやすく、専門用語をできるだけ使わないようにする
- デジタル接客は無機質になりがちなので、パーソナルな情報を少し入れ込んで人柄やキャラクターが伝わるようにする

写真編

- スマホのカメラは年々性能が上がっており、SNSの投稿レベルであれば問題なく使用できる写真が撮影できる
- 写真を用いたデジタル接客で使用するおもなデジタルプラットフォームはInstagramで、注目したいのはSTAFF START
- おしゃれな写真だけではなく、お客様が気になる点に焦点を絞った中身のある写真を撮ることが重要
- 自然光で撮影がしづらい環境の店舗でも、加工アプリなどを活用して、商品を肉眼で見たときに近い色合いの写真にする
- 店舗でも空間を上手に使ったレイアウトで商品がより良く見えるように、上下左右均等な余白を作ることを意識する

Point! | Lesson 5

動画編

- ☑ 動画は、商品をわかりやすく見せることができ、販売員の人間性やキャラクターなどが一番伝わりやすい
- ☑ 動画を用いたデジタル接客で使用するおもなデジタルプラットフォームはYouTubeやインスタライブ
- ☑ 日本でも5Gが導入され、通信が高速化されると、動画がより視聴しやすい環境になり、スマホ越しにリアルタイムでお客様をデジタル接客する未来がもうすぐそこまで来ている
- ☑ ライブコマースとはライブ動画を配信し、お客様がリアルタイムで質問をしたり、コメントをしたりしながら商品を購入できる新しいEコマースのことを指す
- ☑ ライブコマースはテレビショッピングのように不特定多数のお客様に向けて情報を配信するメディアとは違い、かつYouTubeのような個人によるネットストリーミング配信とも異なる、新しい動画の活用方法
- ☑ ライブ配信を行う際は、SNSアカウントのフォロワーや、店頭で接客したお客様へ、事前にしっかりと告知をする
- ☑ 配信後、視聴者数や購買者数など、多方面から振り返って動画を分析し、反省点や良かった点を次回に活かす

Lesson 6

進化系アプリで一歩リードした販売員に

Lesson 6

デジタル接客の最先端「STAFF START」って？

デジタル接客もテキスト、写真、動画と、どれに重きを置くかでさまざまなやり方があるってわかってもらえたね。
ところで「STAFF START」って知ってる？

いや、まだ知らないです！
アプリか何かですか？

以前はコーディネートスナップの掲載って、ブログ上で写真をアップし、コーディネートに使った商品情報を調べながら記載していたよね？
でもこのアプリを使えば、基本的にはコーディネートスナップを撮影して、コーディネートに使った店舗の商品についているバーコードを読み取るだけで、投稿と商品情報をリンクできる。
あとはそこに商品の着こなし方、ほかのアイテムとの合わせ方など、店舗で接客するときと同じようなコメントをつけて投稿していくだけでいいから、日々の更新がめちゃくちゃ楽になるんだ。

え～！
そんな画期的なものが誕生しているのですか？

しかも、自社のEコマースにその投稿が紐付けされていて、なんと、その投稿を起点に商品購入まで至れば、自分の売上になるんだよ！
だから、もしも今働いている企業がこれを導入したら、絶対に頑張った方がいい！

え、自分の売上になるんですか !?
それはやる気のバロメーターにもなりますね。

だよね。
投稿されたスナップを見たお客様に気に入っていただき、そのままEコマースで購入されれば、それは自分の売上としてちゃんとカウントされる。
しかも、どこの店舗で働いても、全国のお客様に向けてデジタル接客ができる。
これって夢のある話だと思わない？

うちの店でも早く取り入れて欲しいです！
今までは店舗での売上だけにとらわれていましたが、全国のお客様のことを考えて投稿したコーデが気に入ってもらえて、売上にも繋がって、さらにファンになっていただける可能性があるって……、良いことづくしですね！

僕としては、販売員に手間をかけることなく、そして公正に評価するアプリとして現状No.1だと思う。
これから説明するけれど、「STAFF START」では、オンライン上で接客し、Eコマースを通して生み出した売上はもちろん、ほかにもInstagramなどのSNSでの集客も数値化されて評価に繋がるようになっている。
今までのやり方だと評価されにくかったところが、ちゃんと実績として反映されるっていいよね。

私たち販売員の未来を変えてくれる気がします！

販売員のデジタル接客をサポートするサービスとしては先駆けであり、純粋に利用者数を見てもシェアNo.1のアプリだしね。
店舗の接客と同じように、どんどんやっていこう！

STAFF STARTをよく知ろう

STAFF STARTとは、株式会社バニッシュ・スタンダードが運営する**デジタル接客支援サービス**のこと。
店頭に立つ販売員が自分のコーディネートスナップをスマホアプリ上に投稿すると、自社のEコマースにそのまま掲載されます。
しかも、そのスナップ投稿を起点に、**お客様にEコマースで商品を購入してもらえたら、投稿をした販売員の売上と評価に繋がるようになっています**。

2016年にリリースされ、2019年12月時点でアパレル企業を中心に811ブランドが導入。
まさに、販売員のデジタル接客支援の先駆け的なサービスと言っていいでしょう。

おもな導入企業はアダストリア、オンワードホールディングス、ベイクルーズ、フリークスストア、パルといった大手アパレルやセレクトショップ。

STAFF STARTで投稿したスナップを起点に、自社Eコマースを通して売り上げた月間の最高金額が、およそ8000万円にものぼる**カリスマ販売員も登場**しています。

店舗販売員のコーディネートスナップは、これまでのEコマースでは参考写真的な立ち位置ではありましたが、お客様からは「モデルが着用している写真よりも参考になる」といった声が上がる人気コンテンツでした。
だから、**そのスナップ自体を「販売員の提案力がEコマースの売上に貢献していること」と捉え、"見える化"**。
Eコマースでの売上を評価に繋げた画期的なサービスです。

さらに、STAFF START独自の機能である「**SNS集客分析**」は個人のSNSアカウントを通して集客し、販売まで繋げた成果など、**パーソナルな実績を可視化することが可能**です。
もちろん、店頭での売上も加味するので、トータルの評価に繋がりますね。

今まで、店舗の販売員という重要な“人財”をオンライン上でうまく活用できていなかった企業にとっては、STAFF STARTを導入することにより、自社Eコマースでも販売員それぞれの売上といった貢献度を“見える化”することが可能になりました。

これにより、店舗とEコマースの区別なく、純粋に商品を販売した“本当の売上”が評価されるようになり、今まで店舗で接客したお客様にEコマースをお伝えするのを躊躇してしまっていたようなこともなくなる。
結果、**販売員も高いモチベーションでデジタル接客に取り組める**ようになる。

これこそが、最大の注目すべき点でしょう。

このアプリがすべての販売員にチャンスをもたらす

STAFF STARTの一番の機能である、販売員による「コーディネート投稿」は、撮影したスナップに自社Eコマースの商品情報を紐付けることができるのをはじめ、**InstagramといったSNSにも同時に投稿することができます**。

お客様は、販売員が投稿した写真やテキストを通して、デジタル接客を受けることができる。

つまり、**どこにいようとも好きなときに、自分のお気に入りの販売員からの、コーディネートのポイントや着用感といった提案に触れられる**ということ。

「どこの店舗にいても全国のお客様へ接客できる」という、場所や時間にとらわれないデジタル接客の強みを活かし、集客が難しい地方や郊外の店舗に所属する販売員が、大きな成果を上げ出してきています。
それは、店舗での接客や業務のスキマ時間を有効活用し、STAFF STARTを通して、全国のお客様に対してデジタル接客をすることができるようなったのが要因です。

結果的に、**都心や市街地にある店舗より、地方や郊外店舗の販売員の方がSTAFF STARTの売上上位にいることが多い**。

その理由は、来店客数の多い立地条件がいい店には次から次へとお客様が来店し、随時対応が必要となってきますが、来店客数がそこまで多くない店舗だと、接客の合間に空き時間が作りやすいから。
その**スキマ時間でSTAFF STARTを活用して、売上を着実に伸ばすことができる**わけです。

そして、このデジタル接客が可能になったことで、新しい時代の**「カリスマ販売員」が誕生**しました。
これまでは注目度が高い都心部の店舗でなければ生まれにくかったのに、地方や郊外、さらには時間的な制約が大きい子育て中のスタッフなどの中からも登場し始めています。

STAFF STARTは、地域性や来店客数の多い少ないにかかわらず、自分の努力次第で結果が出せる、新しい販売員のスタイルを形成できるツールなのです。

カテゴリーとしてはストック型

STAFF STARTを使ったデジタル接客は、コーディネート写真を投稿し、それが蓄積されていく**ストック型**です。

やはり一番の特徴は、店舗での業務のスキマ時間でも、ササッと投稿まで完結できる使い勝手の良さです。

コーディネート写真を撮影し、それに使用した商品のバーコードをスキャンするだけで自身の投稿と商品を簡単に紐付けできるうえ、短時間で自社Eコマースへのアップも完了。
もちろん、**操作性の難しさもありません**。

STAFF START アプリ

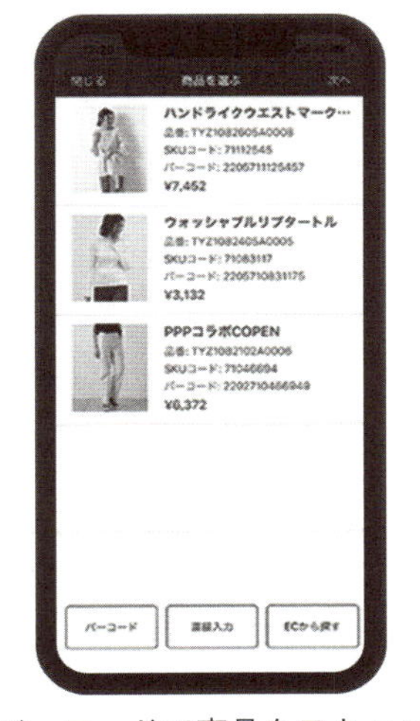

バーコードで商品をスキャン

EC サイト

コーディネート画面に投稿

そして、販売員だからこそ説明できる、お客様に商品の魅力が伝わる情報も、簡単に記入できるようになっており、すべての工程がスマホだけで完結できる仕組みなのもうれしいところです。

STAFF START アプリ

商品にスタッフがコメント

EC サイト

商品詳細画面に表示

今までのLessonで準備したように、ペルソナ設定をした人をイメージしながらコーディネートを組み立てる。
そして、そのコーディネートに用いたアイテムをFFB設定で、商品のベネフィット（顧客価値）をペルソナに向け、店舗の接客と同じように伝える。

商品のスペックや機能などの情報は紐付いているEコマースの商品ページに記載されているので、そちらの処理に任せておきましょう。
販売員が時間を割くべきは、お客様がこの商品を購入することによって、「どんな姿になるのか？」をイメージしてもらえる、素敵なコメントを添えること。
それこそが販売員にしかできないところだと僕は思います。

あとは、店舗での接客や作業時間の負担にならないように、スケジュールをしっかり組んで時間管理を行う。
それさえできれば、店舗での売上を維持しながらオンラインでの売上を加算することができる。

まさにこれこそ、"**スマホひとつで最高の売上をつくる**"ことが可能になるアプリですね。

STAFF STARTで変わる、これからの販売員の価値

Eコマースに訪れたお客様に対してデジタル接客ができるSTAFF STARTですが、ポイントとなるのは**来店したお客様に対して、その場でEコマースへの誘導ができる**ところでしょう。

今までだと、来店したお客様がその日の購入に至らなかった場合には、次回来店していただけるように促すスタンスをとっていたところですが、STAFF STARTがあれば、今日見ていただいた商品はもちろん、着こなしの参考として、自身のSTAFF STARTページを紹介できます。

それに自分のページをお客様に伝えることで、投稿さえコンスタントに行っていけば、**店舗に来店しない期間でも新しいコーディネート提案が可能**となる。
つまり、あなたのスナップを見てEコマースで購入をしてくれる可能性も生ま

れるわけです。

お客様としても、家でもう一度ゆっくり考えたいときにも販売員に対して気軽にそのことを伝えられるようになりますし、家であなたのコーディネートを参考にして、自身がすでに所有しているアイテムとの相性を検討してみたり、組み合わせ方をイメージしたりすることもできる。

さらに、ストック型のデジタル接客の特徴の通り、リアルタイムでなくても、過去に投稿されたコーディネートスナップをいつでもチェックできますので、それをお客様へ伝えることで効果は何倍にもなってきます。

それは、来店していただかなくても自分が投稿したコーディネートスナップを経てEコマースで購入してもらえたら、**自分のオンライン上での売上として計上**されるからにほかなりません。
これこそが、STAFF STARTの導入を各企業、店舗へとおすすめする大きな理由です。

STAFF START アプリ

自分の個人成績が見られる

STAFF START 管理画面

全スタッフの個人成績が見られる

さらに、コーディネートスナップの投稿によるデジタル接客だけでなく、SNSの個人アカウントからの集客や売上まで、すべてを実績として計上することも可能に。
今まではなかなか実績に繋がりづらかった点も、きちんと評価対象に加える仕組みにより、対立関係と捉えられていた**販売員とEコマースの協業**を可能にしてくれています。

お客様にとっても、販売員にとっても、Eコマースにとっても、そして企業にとっても、良い相乗効果を生み出すことができるのがSTAFF STARTです。

ただ、このアプリはまず企業が導入の契約を結んでからしか、運用することができないのでご注意を。

個人的には、すべての小売企業に導入して欲しいぐらい、革命的なサービスだと思っています。
なんと言っても販売員の1日は本当に忙しい。
昼休憩すらまともに取れない日もあります。
ルーティンの業務をたくさん抱えつつも、デジタル接客という新しい領域にチャレンジするために、なんとか時間を捻出しようとスケジュール調整に励むことでしょう。

すでに頑張っている販売員がモチベーションを上げ続けるためには、**企業や店舗の細やかなサポートが必要不可欠**。

STAFF STARTに限った話ではなく、現場の負担を少しでも軽くするコンテンツが世の中に登場した際には、積極的に取り入れる姿勢を見せて欲しいと切に願います。

これでSTAFF STARTのことも、ひと通りわかったかな？

とてもよくわかりました！
うちの店にも早く導入してもらえないか、店長に聞いてみます！
そしてもし取り入れることが可能になったら、「店頭優先だし！」とSTAFF STARTの投稿をないがしろにしないことが大事ですね。

もちろん店舗での業務も大事だけど、前のLesson4で習ったようにデジタル接客を店頭に立ちながら実践していこうと思ったら、スケジュール管理をしっかり行って、両方をうまくこなしていくようにしないとね！

事前にシフトを作るときに、STAFF STARTを撮影する日を組み込むようにして、「時間がないからできませんでした」っていうことにならないようにします！

いい心がけだね！
そして、ただスナップを撮って投稿するのではなく、まずはペルソナ設定をしっかりして、「誰にデジタル接客をするのか？」をちゃんと決めてからコーディネートを作っていくこと！
さらに、もうひとつデジタル接客で忘れてはいけないことを教えていたんだけど、覚えているかな？

FFB分析ですか？
店頭で常に商品に触れている販売員こそ、お客様が実際に手に取ることができないハンデを解消してあげられる、っていう！

かなり理解してきているね！
お客様にちゃんと価値やメリットを与えるデジタル接客を意識すれば、STAFF STARTならすぐにたくさんのお客様にオンライン上で商品を購入していただけるようになるよ！

店頭接客で行っていることを、そのままデジタル接客にスライドする方法が、なんとなくわかってきた気がします。

Point! | Lesson 6

- ☑ STAFF STARTとは店頭の販売員がスマホアプリだけで簡単にデジタル接客ができるサービス
- ☑ STAFF STARTアプリを使って、およそ8000万円にものぼる月間売上を叩き出すカリスマ販売員も登場している
- ☑ どこの店舗に所属していても全国のお客様に対して接客ができ、地方や郊外の店舗で勤務している販売員が大きな成果を出せる
- ☑ 集客が多く、注目度が高かった都心や市街地にある店舗でしか生まれなかった「カリスマ販売員」が、地方や郊外、さらには時間的な制約が大きい子育て中のスタッフなどの中からも誕生
- ☑ スマホひとつで最高の売上をつくることが可能に
- ☑ STAFF STARTでは、コーディネートスナップ投稿によるデジタル接客での売上をはじめ、SNSの個人アカウントからの集客や売上も加味。さまざまな要因をトータルして、個人の成績として反映される新しい評価基準が生まれる
- ☑ これからの販売員の価値が変わってくる

Lesson7

すでにデジタル接客を成功させている先駆者たち

Lesson 7

トップ販売員が実践するリアルなノウハウを伝授

デジタル接客で使われるテキスト、写真、動画。
それぞれの特徴や、活かすのに最適なデジタルプラットフォームは、しっかりとわかってもらえたかな？

ばっちり頭に入りました！
すぐにでもチャレンジできそうです。

じゃあ最後のLessonとして、各分野で活躍しているプロフェッショナルの人たちを紹介しよう。

早くもデジタル接客で活躍している人がいるんですか？

まだ数は多くはないけれど、チャレンジして成果を残している人たちも出てきているよ。
例えばLesson 6で学習したSTAFF STARTでは、ローカルな店舗に勤務していても、デジタル接客に取り組むことで全国のお客様にお買い上げいただいている事例も挙がっているからね。

来店者数の少ないローカル店舗との相性は良さそうですよね。
「どこにいても接客できる」かぁ……！
とっても素敵なことですし、やる気が出ますね。

写真や動画を使って、Instagram上で大きな売上を取っているプロもいるしね。
さらに言うと、Eコマースの売上に止まらず、デジタル接客をしたお客様が「やっぱり直接会って接客してもらいたい！」と店舗に来てくれるケースも登場しているよ。

その人たちは、どんな風にアナログからデジタルへとアプローチを変えたのかな？
取り組み方を具体的に知りたいです。

もともと特別な人たちだったというわけじゃない。
みんな最初は、店舗で接客するところからスタートしているからね。
デジタルアレルギーの克服方法や、店舗での接客経験の活かし方を先人に聞くというのは、とても大切なことだよ。

そうですね！
同じような境遇からスタートして、今では店舗でもオンライン上でも売上を取っていらっしゃる方の話というのは、自分にとって励みにしかならないです。

これから登場する３人の販売員は、ちょっとしたきっかけをもとに、創意工夫を繰り返していったのだと思う。
自分にも置き換えられそうなところはないかイメージしながら、話を聞いてみてね！

STAFF STARTのエキスパート
GLOBAL WORK イオンモール新潟南店／販売員 バヤコさん

1984年神奈川生まれ。
高校卒業後、アパレル会社へと入社。そこで店長の経験を経たのち、退社。2008年よりLEPSIM イオンモール新潟南店にアルバイトとして入り、2015年からはGLOBAL WORK イオンモール新潟南店にフルタイムで勤務している。
会社が公式Eコマース上に「STAFF BOARD」を立ち上げたことをきっかけに、デジタル接客をスタート。その他のSNSでも投稿を行い、実店舗以外での売上を着実に伸ばしている。

お客様と直接話したいから選んだ働き方

販売員になろうと思った理由は、とてもシンプルで、カリスマ店員という言葉が脚光を浴び始めた18年前、純粋にそんな存在に憧れたから（笑）。
実際にアパレルショップで働き始めて、接客の楽しさにのめり込みましたね。

洋服が好きだったことと、お客様への提案は無限大に広がっていることの**楽しさ**、さらに提案に対して、お客様の喜びとして自身に返ってくることに**やりがい**を感じ、続けてこられたと思っています。

私は以前勤めていた会社では、店長職を任されるまでになりましたが、店舗での日々のマネジメント業務に追われ、お客様と直接お話しする機会が減ってしまいました。
さらに、そんな立場になってしまったため、私の下で働いてくれているスタッフたちの気持ちまで、わからなくなってしまって……。

「これは、私が望んでいた仕事じゃない」と強く思い、退職を決意。
だから、GLOBAL WORKではフルタイムのアルバイトとして働くことを選びました。

結果、いち販売員として接客できる日々に、やりがいや楽しさを再確認しているところです。

洋服って同じものでも、**着る人や合わせるアイテムが違えば、イメージがガラリと変わります**。
だから、私は最初から、「これが、おすすめです！」という売り方はしません。どんな色が好きかも、最初はわかりませんからね。

まずは、お客様がどんな暮らしをされているのかを探ります。
お子様がいらっしゃるのか、どんなお仕事をされているのか、趣味はなんなのか、どんなライフスタイルを好まれているのか、といった**パーソナルな部分を引き出し、そのお客様に最適なアイテムをご提案する**。
もちろん、コーディネートのアドバイスから、着回しのコツまで、**その方にとって有益なことは自らの言葉でお伝えしています**ね。

実はSTAFF STARTを用いたデジタル接客でも、この考え方がかなり生きているんです。

私がデジタル接客に踏み切ったワケ

会社が公式Eコマース上に立ち上げた「STAFF BOARD」が、私のデジタル接客の入口です。
(「STAFF BOARD」とは、STAFF STARTのシステムを活用した株式会社アダストリアの新しいコンテンツで、2018年9月に開設。ショップスタッフ個人のスタイリングやライフスタイルを発信できるもので、お客様は、オンライン上で、よりリアルクローズなスタイリングを閲覧できる。※以下、STAFF BOARDはSTAFF STARTと同義)

私はSTAFF BOARDとほぼ同時期に、会社からのすすめもあり、**コーディネートをメインに投稿するInstagramのアカウントを個人的に開設しました**。
そして、**STAFF BOARDから私のInstagramにリンクできる**ようにもなっています。

それまで、私は個人的にInstagramを見たり、少し投稿したりする程度でしかSNSとは関わってきませんでしたが、STAFF BOARD、Instagram共に、特に難しさを感じることはなかったですね。
その大きな理由は、**最初からあるルールを自分なりに課して、投稿内容を決めたから**。

コーディネート写真は前からはもちろん、後ろ、左右と**さまざまな角度から写真を撮影**して、それら**すべてを投稿**すること。
さらに、アウターを着用するコーディネートなら、上着を脱いだ状態の写真もアップする。

実は、私自身、ネットで洋服を購入することがかなり多く、実際に商品が届いて着用してみると、「なんかイメージしていたのと違う……」という経験を何度もしていたんです。
それがとても悔しくて、私がコーディネート写真を発信するなら、絶対に全方位から見えるような形で、かつそのアイテムを脱いだときの状態まで、しっかりわかるように伝えようって考えていて。

あとは、**さまざまなスタイルのコーディネートをアップするのも最初から決めていたこと**ですね。

人を選ばないコーディネートを意識しました。
オフィス向けとか、ママコーデとか、休日コーデとか、アウトドアコーデとか、とにかく幅広く！
雑誌とかインターネットを見ていて、それぞれのスタイルに合ったモデルさんを起用して、その方が着ているから素敵に見えるけど、「同じアイテムなのに、なんか違う……」みたいなことになって欲しくない、という考えからです。

ぶれないテーマを掲げ、相手の目線に立つ

私が実践しているのは、STAFF BOARDとInstagramに、**とにかくたくさんのコーディネート写真を投稿すること**。
テーマを決めて、合わせるアイテムをセレクトして、写真を撮影して、この組み合わせのポイントやどんなシーンで着回せるかをテキストに書き起こして。ざっくり言うと、やっているのはこれだけなんです。

ただ、単純な工程だけに、ひとつひとつに明確なこだわりを持ってのぞんでいます。

まずは**テーマ決め**。
これは、季節感や行事ごとなども押さえつつ、幅広く提案できるように考えています。

そして、**そのテーマに合ったアイテム選び**。
私自身、日常的にさまざまなスタイルの洋服を着るのが好きですし、コーディネートするのも得意な方だと思っているので、この点に関しては、そこまで苦労はないですね。

ただ、「このテーマなら、たくさんの『いいね！』やコメントをもらえそう！」って考えて投稿した写真がそこまでプレビュー数が伸びなかったのに、何気なくアップしたコーディネートや着回し術に対して、ものすごく反応が良いときもあるんです。
また、自身が想定していたお客様の層とは違う層に対してフックになることもあり、逆にそういったケースは、デジタル接客、店頭での接客共にとても参考になっていますね。
デジタルからアナログへのフィードバックとでも言うんでしょうか。

次に**写真**です。
先程もお伝えしたように、前、後ろ、右、左とすべての角度から撮影します。
実際にアップするのは、1投稿につき、4〜10枚ですが、実は**ひとつのコーディネート写真を、1〜2時間かけて、100枚ぐらい撮影**しているんです！
アウターを脱いだ状態だったり、着回しの仕方を発信するので、そのぐらいの

カット数には必ずなる。

ちなみに撮影は、三脚を立てて、すべて1人で行っていますよ（笑）。
最初は人目にあまりつかないようにフィッティングルームとかで撮影していたのですが、やっぱり狭い空間だと制約が出てしまう。
今は**比較的ライトが強めに当たる白背景の場所を決めて**、毎回そこで撮影するようにしていますね。

最後に**テキスト**。
これは、STAFF BOARDとInstagramで少しだけ変えています。

STAFF BOARDは「アイテム選びの理由（セール商品、季節感、新作など）」「どんなシーンで」「商品の特長」「着回しのポイント」といった、簡潔な内容に終始することが多いです。

逆にInstagramは自分の個人アカウントなので、比較的自由に運用しています。
例えば、「先週のコーデランキング」「メンズアイテム着回し」「オフィスカジュアルまとめ」「ママコーデ」など、投稿ごとに企画を変えたり。
ですので、テキストもその企画に合わせて書き起こしています。

とはいえ、**どちらもコーディネート提案や着回し術のアドバイスがメインなので、そのテーマがぶれないように意識**はしていますね。

投稿の頻度は、STAFF BOARD、Instagram共にほぼ毎日なのですが、これにも理由があります。

投稿を開始して、およそ2年が経ち、現時点でおそらく千数百パターン、コーディネート写真を撮影しました。
それだけの数を撮影したのは、日々コンスタントに投稿をするためでもありますが、実は一番の狙いは**過去のコーディネート写真をストックしていきたかったから**。

最初にお伝えしたように、私は接客する際、お客様のパーソナルな部分をできるだけ引き出した上で、提案の仕方を考えていきます。

STAFF BOARDもInstagramも、オンライン上で接客するとなると、ひとりひとりのパーソナルな部分を引き出すのはとても難しい。
そういったときに**過去に私が投稿したコーディネート写真の中で、どれが好みだったかを教えてもらえたら、オンライン上でもそのお客様の嗜好に合いそうなアイテムやコーディネートをご提案できます**よね。

そのために、意識的にたくさんの写真をアップしているんです。
いわば、この2年間で投稿してきたコーディネート写真は、私にとってはデジタル接客する上での基準を定めるツールになっているんです。

自分自身にファンがつき、それが来店理由に

私にとっての大きな変化は、新潟という“いち地方”で勤務しているのにもかかわらず、**全国各地のお客様に私の存在を知っていただけた**こと。
さらに、比較的近隣に暮らされているお客様に、**GLOBAL WORK イオンモール新潟南店に来ていただくきっかけ**にもなっています。

わざわざ、自身のスマホに私が投稿したコーディネート写真を保存して、持ってきてくださるお客様もいらっしゃいます。
STAFF BOARDやコーディネート発信用に開設したInstagramを運用するまでは、そんなことは一切なかったので、その変化には本当に驚いていますし、同時に私自身、**販売員としてのモチベーションアップにも繋がっています**。

また、GLOBAL WORKの他店舗に、私のコーディネート写真をご覧になったお客様が試着に来られて、それらのアイテム一式を購入されたという話も聞きました。
自分が直接お会いすることはなくても、そうやって購入のきっかけになっているのは本当にうれしいし、光栄なことだな、と実感しています。

株式会社アダストリアがSTAFF BOARDを始めた理由は、**お客様と店舗の接点を増やすため**と聞いています。
最初、私はその意味がいまいちつかめていませんでしたが、投稿を重ねていく中で、STAFF BOARDやInstagramをご覧になったお客様にご来店いただける

ことが増えてきて、その意味が実感できました。
投稿を頑張ってきて良かったなと思える瞬間です。

何より私自身、**お客様とお話しするのが大好きだからこそ販売員の仕事を続けており、それが自身の日常の店頭業務に返ってくる**。
まさに、デジタルとアナログの良い循環を作ることができたんだな〜、と。

あと変化という点で言うと、実は……。
STAFF BOARDやInstagramを始めたころは、ほかのスタッフに見られないようにこっそりコーディネート写真を撮影していたんです。
それは、店頭での接客が重視される販売員だから、その点はないがしろにしていないよ、っていう意味もあって……。

でも、STAFF BOARDを通して、来店客数が増えたり、私指名で来店されるお客様がいらっしゃることがわかって、スタッフのみんなも「どんな風に撮影しているんですか？」とか、「投稿のコツを教えてください」とか、いろいろ聞かれるようになってきて、堂々と撮影できるようになりましたね（笑）。
これもまた、STAFF BOARDを始めてからの環境の変化です。

もちろん、アドバイスを求められれば、包み隠さず、自分がやっていることはすべて教えていますよ！

STAFF STARTによるデジタル接客の可能性

STAFF BOARDからデジタル接客を始めて、Instagramに着手したように、**STAFF STARTは、ほかのSNSに対しても相乗効果がある**と思っています。

実際に、私のInstagramのフォロワーは2020年8月時点で5000人弱にまで増えました。
ただ、そこからはなかなか増えないので、どうやったらもっと増えるか、私自身、もう少し工夫をしたり、分析をしたりしていかなきゃと感じています。
そして私が一番伝えたいのは、**STAFF BOARDは、地方で勤務していても、正社員じゃなくても、運用の仕方次第で全国をフィールドに活躍できるツール**だということ。

「地方勤務」「アルバイト」などがネックになって、自分自身の可能性を諦めたり、できることを狭めたりしている人がいたら、環境に起因するボーダーラインは軽々と越えていけるのがSTAFF BOARDの魅力だと声を大にして言いたいです。

スタートラインはみんな一緒で、有利・不利は一切ありません。
大切なのは、根底にあるお客様第一主義の精神。

自分をカスタマーに置き換えたときに、その投稿を見てどう思うのか。
「このコーディネート写真、使いやすい！」って感じていただけるように、常にお客様の目線に立つことができれば、誰でも、どこにいようとも活躍できる可能性を秘めています。

STAFF BOARDをご覧になったお客様に、Instagramのフォロワーになっていただき、その方々からDMをいただくことも多いのですが、そういった意味でも、**デジタル接客を通して、自分のファンを増やしていけるのも強み**だと思います。

投稿に対して、「いいね！」を押してもらえたり、「参考になります」「今度、チャレンジしてみます」といったコメントをいただけたりすることが、**“いち地方”のショップの販売員として店に立つ、今の私の大きなモチベーション**。

繰り返しになりますが、私が抱いている思いは、STAFF BOARD、Instagram共に、投稿を通して、幅広い層のお客様に少しでも喜んでいただきたいということだけです。

実際に、Instagramのコメントなどで「関西エリアの店舗に出張に来て欲しいです！」といった声をいただくこともあり、本当に全国各地で見ていただいているんだと実感しています。
そういった声をもっといただけるように、見やすくて、使い勝手が良くて、少しでも多くのお客様のファッションライフの手助けとなるような投稿を続けていきたいですね。

Instagramのエキスパート
grams代表取締役　艸谷(くさたに)真由さん

1991年大阪生まれ。
大学時代にアパレル販売の仕事にのめり込み、卒業後はSTUDIOUS（現・株式会社TOKYO BASE）に入社。新卒1年目に店長に抜擢され、年間最優秀新人賞などを受賞。その後、退職してから2年後に専業主婦となり、Instagramを始め、10ヵ月で1万フォロワーを達成。自身で培ったノウハウをもとに、「株式会社grams」を起業。
著書に『「こだわり」が収入になる！ インスタグラムの新しい発信メソッド』（同文舘出版）があり、販売部数は現在1万部超。2021年春予定で、台湾翻訳版の発売も決定している。

日々店頭に立っていたからうまくいったInstagram運営

大学時代にアルバイトで始めたアパレル販売員の仕事をきっかけに、大学卒業後、STUDIOUS（現・株式会社TOKYO BASE）に入社しました。
入社3ヵ月目に全社員の月間個人売上で1位を獲得し、新卒1年目で店長を任せられるまでになりました。

みんなと違う特別なことをしていたのか……。
当時を振り返ってみると、とにかく第一に考えていたのは、**ご来店いただいたお客様に、今よりももっと素敵になって、帰っていただきたい**ということ。
もちろん売上は常に意識していましたし、自身の評価を上げるためには、結果を残すのはマストだと考えていました。

そんな販売員時代の私が徹底していたのは、お客様が店内を回遊されているときに、どんな商品をチェックしていたか、つぶさに観察することだったり、お客様の体形やスタイルを見て、「こんな服を着られたら、似合われるだろうな」といった**長所を伸ばすイメージをしたりする**こと。

逆に、「この部分がコンプレックスになっていらっしゃるかもしれない。それであれば、この服を取り入れることで、カバーできるはず」。
そんなことを常に考えながら接客にのぞむようにしていました。

つまり、**お客様の趣味嗜好**はもちろん、**ライフスタイル**までをしっかりイメージし、**自分なりの正解を見つけた上での接客**ですね。

それを実践できていたのは、私自身がオールジャンルの服を日常的に取り入れていたことが大きいと思います。簡単に言えば、**自分自身の買い物の成功例はもちろん、失敗例もお客様にあてはめていく**んですね。
自分の体験こそが接客する際の一番の強みだったんです。

私がデジタル接客に踏み切ったワケ

接客を通して、社内における自身の評価を上げることができたので、店舗接客こそが私の天職だと、当時の私は思っていましたよ。

だから、デジタルツールに頼ることは一切考えていなかったですし、SNSを使うことさえしていませんでした。
STUDIOUSに入社後、店長を任されるようになって初めてパソコンを使うようになったぐらいの超アナログ人間。
しかも、その用途も、売上のデータ管理やスタッフのシフトを組むぐらい。

個人的にスマホは持っていましたが、使っていたのは連絡手段としてのLINE、電話、息抜きの動画鑑賞ぐらいなもので……。

ただ、社用スマホを支給されてからはお客様と積極的にLINEの連絡先交換をして、来店に対してサンキューLINEを送ったりはしていました。
お礼のLINEを送った以降も、そのお客様が好きそうな新作の入荷があればお伝えしたり、場合によっては次回来店のご予約を取り付けたり。

LINE交換したそれぞれのお客様に対して、**LINEを通して“1対1”の接客をしていました**が、私にとっては、あくまでアフターフォローの感覚です。

だから、サンキューLINEを送るのは、絶対に当日中というのは徹底していましたし、もちろん既読スルーでも、まったく気になりませんでしたね。

ただこれって、今考えてみると**デジタル接客のはしり**のようなものだったのかも？

STUDIOUSで自分自身に一区切りがつけられるぐらい、店舗接客をやり切ることができ、STUDIOUSを卒業しました。

次に何をするか考えたときに、例えばまた違う店舗で接客するという選択肢だと、**さらなるキャリアアップが見えなかった**んです。

展開を模索している中、偶然目にしたテレビ番組でインスタグラマーが取り上げられていて。
それで、私もInstagramに興味を抱きました。
一般人でもSNSを活用して仕事ができるんだ！容姿とかは関係なく、インスタグラマーになれるんだ！って、思ったんです。

当時、私はInstagramに苦手意識を持っていました。
日記の延長みたいなものとしか捉えていなかったし、何より面白さを感じることができなかった。
ただ、ハワイに旅行に行ったときの写真を、Instagramの自身の鍵付きアカウントの下書きに並べてみたところ、素直に「きれいで素敵だな」って感動したんです。

このスタイルなら続けられる。
突き詰めていけば、違う未来が見えてくる。
そう感じて、**一気にInstagramにハマっていきました**ね。

実践してみることが大事

Instagramを始めた3年前も現在も、インフルエンサーになりたいと思ったことは一度もないんです。

私が販売員以外のキャリアを歩めるとすれば、Instagramというツールに可能性があると考えただけ。

Instagramを始めると、まずはフォロワー数を増やすことを意識しますよね？
私自身、どうやって増やせばいいのか、インターネットなどでとことん調べました。
ただ、どこを見ても腑に落ちる説明がなされていない。
「これから需要が伸びてくる分野のはずなのに、まだ誰も着手していない」状況だったんです。

つまり、**自身で経験を積み重ねてノウハウを構築できれば、誰にも真似できないことができる**ということ。
大きなチャンスですよね。

実際に、Instagramを本格的に始めてみると意外と簡単で、デジタル音痴の私でも、スマホひとつでできちゃう。

それからは一気に、どうすればフォロワー数を伸ばすことができるかを突き詰めていきましたね。
その詳しいロジックはぜひ、私が執筆した『「こだわり」が収入になる！インスタグラムの新しい発信メソッド』をチェックしていただきたいのですが（笑）。

まず、**超アナログ人間だった私がつまずいたのが、データの数字の見方、ITワード**です。
とはいえ、Instagramはほかのデジタルプラットフォームに比べると、専門用語も少ない方なので、とっつきやすいと思います。

最初は、インプレッション数、リーチ数、インタラクション数。
この3ワードを理解できたら大丈夫！

私は販売員として働いた店舗に置き換えて理解しました。
その意味をお伝えしておきますね。

インプレッション数…来店回数
リーチ数…来店者数
インタラクション数…指名再来店数

私がInstagramを始めて10ヵ月で1万フォロワーを達成できた理由は、店舗のロジックと同じでした。
インスタ内で「いいね！」を押すことは入店の可能性のあるお客様へのお知らせ、インサイト確認は商品にタッチした回数・検討中のアイテムの確認など、数字の考え方などは全く同じで、店長をやっていたときの数字管理の経験が、「いいね！」数やフォロワー数を分析するときにも役立ちました。
例えば、現状を知って実践し、足りない部分の差を埋めていく形で、常に目標数値と具体策の実践の繰り返しをしていったケースですね。

つまり接客もInstagramも、数字を細かく分析することが重要。
そして、どちらもお客様（＝フォロワー）のニーズを満たしたり、感動を与えたりするなど、**何かしらの記憶に残るような体験を生み出さない**といけないんです。

対面接客が得意な人にとってデジタル接客は、お客様の顔が見えない分、難しいかもしれないですが、私の場合、店舗接客時に発揮していた**想像力と洞察力を駆使**して、カバーしました。
とはいえ、一番の指標となるのがフォロワーの反応であるのは言うまでもありません。

テキスト、写真からなる投稿を作るのは、**店舗販売員時代に1人のお客様に対してご送付するDMと同じような感覚**で作っていました。
ただ、Instagramの投稿は多くの人が目にするものなので、DMや対面販売以上に高いクオリティにすることが求められます。

理由は簡単。

共感を得たり、思わずシェアしたくなったりするような投稿じゃない限り、より多くの人の目に留まらないからです。

さらに、私が店舗接客を通して鍛えられた洞察力は、Instagramでは同じジャンルの発信者に対して活用していました。
投稿テーマが近い人たちがどんな発信をしていて、フォロワーがそれにどう反応するのか。
この点を自分に置き換えるのです。

店舗勤務されている販売員さんだったらわかると思うのですが、例えば同じ商業施設内の競合店舗で、売れ筋や力を入れているアイテム、逆に展開していない商品などをリサーチしていると思います。
それと同じで、**Instagram内で自分と近いジャンルについて発信をしているアカウントをたくさん見て、どんな投稿に「いいね！」が多くついているかをチェック**する。
逆に、まだ発信されていない要素がなんなのかを調べていくのです。

積み重ねで繋がった未来

私は自身のInstagramのアカウントのフォロワー数を約10ヵ月間で1万人まで伸ばしました。
Instagramを始めたときの最初の目標がフォロワー1万人だったので、1年かからずに達成できたことになります。
すでにその時点では販売員の仕事からは離れていたので、参考にならない部分もあるかもしれませんが、私の生活がどう変わったのかをここでお話ししたいと思います。

フォロワー数が1万人を超えると、インスタグラマーという肩書きを得ることができます。
インフルエンサーとして世間で注目を集め、いろいろな企業から商品のPRのオファーもいただくようになりました。

ただ、自身のアカウントの世界観に合わないものはお請けしないのが当初からのポリシー。
その理由は、ブランディングを大切にしているからです。

PRに関するお仕事をお請けした商品のブランディングを考えた上で、**私のアカウントの世界観と合うかどうか**。
この点がとても重要。
なぜなら、私のInstagramを楽しみに見てくださっている方々が求めているものにフィットしていないと、**フォロワーも離れていきます**から。

そんな活動をする中で、私は自身が培ったノウハウをもとに、マーケティング支援・コンテンツ企画をメインに行う会社「株式会社grams」を立ち上げました。
私のノウハウをもっと誰かのために活かしたいと考えたのが起業の大きな理由です。

アパレルショップのいち販売員だった私が、わずか1年ほどで社長という肩書きまで得ることができたんです。
そう考えるだけで、**Instagramに代表されるSNSには、まだまだ可能性が無限大にある**と感じませんか？

ただ、インスタグラマー、インフルエンサーと聞くと、華やかなイメージを持たれるかもしれませんが、実はやってることは**めっちゃ地味**なんです（笑）。

フォロワーさんのことを考えながら、投稿の企画をし、実際に写真を撮影して、加工する。
お客様が喜んでくれる、その1枚を投稿するために、地味なことを繰り返しているんです。
だから、途中で挫折する人が多いのも事実。

でも、これらの地味な作業って、店舗での経験と同じだと思いませんか？
販売員という仕事もイメージは華やかですが、**接客しているとき以外は、商品の整理や在庫管理など、裏方の仕事がほとんどで、目立たない上に大変な部分も多い**ですよね。

そんな経験をしている販売員さんだからこそ、Instagramを活かすスキルは持っていると思うんです！
私もそうだったから。

Instagramによるデジタル接客の可能性

Instagramって、店舗で商品を販売するのと同じだと私は思うんです。
自身のアカウントが店舗で、投稿は商品という考え方ですね。

だから、投稿を積み重ねていくときの考え方は**店舗販売で大切なVMD（ビジュアル・マーチャンダイジング）と同じ**。
店舗では売れ筋の商品をただ並べるだけではダメで、売れにくいけれどお客様の目を引く商品もディスプレイする必要がありますよね。

Instagramも同様で、「いいね！」がたくさんついたからといって、似たような投稿だけに終始するのはNG。
あなたならではの強みを活かした発信が肝心です。
なぜなら、代わりになる人がいた場合、あなた自身のファンがつかないから。
ブランドと同じで、売れ筋だらけの商品（「いいね！」がたくさんついた写真のみ）でそろえるのではなく、“見せ筋”のような発信が大事です。

Instagramを店舗と捉えたとき、ただ、商品写真を並べているだけでは、接客をほぼしないセルフスタイルのショップになっちゃいますよね。
企業やブランドが自社アカウントを売上アップに活用するのが当たり前になってくるこれからは、**デジタルセールスを得意とする販売員を専属で常駐させるべき**だと、私は考えます。

実際に成果を残しているInstagramのアカウントは、毎日ちゃんと投稿するのはもちろん、**フォロワーからのコメントなどにも丁寧にレスポンスしています**。

つまり、Instagramを介してカスタマーコミュニケーションをとれる販売員が重要な役割を担うということ。
裏を返せば、Eコマース事業で成長してきたブランドほど、お客様のライフスタイルを高い洞察力を持ってイメージができて、**的確な投稿やコメントを発信できる販売員の存在が不可欠**になる。
それこそ、**店舗で接客経験がある販売員にしかできないこと**と言えるんじゃないでしょうか。

さらに、その細やかな心配りは、SNSならもっと活きてきます。
気に入った投稿があれば、フォロワーがほかの人にも共有してくれるからです。
規模感は違いますが、店舗でたとえるなら“**紹介が紹介を呼んでくれる**”という構図と同じですね。

だからこそ、これからは販売員の店舗売上以外の評価基準が必要になってくると、私は強く感じています。

Instagramを活用していく上で必要なのは、投稿する日時はもちろん、撮影をする日、テキストを考える日などスケジュールをしっかり決めること。
店舗でのことに置き換えると、商品の企画から販売まで取り仕切るMD（マーチャンダイザー）に必要なスキルに近いと言えます。
そう考えれば、**Instagramは店舗を運営していくことと一緒**ですね。

ぜひ、デジタルを活用して、自分自身のできる領域を広げて欲しいと思います。
店舗接客でやっていることと同じ考え方で向き合えばいいんです。
デジタルならそのアクションが、何倍、何十倍にも広がっていきます。

一歩踏み出すために、Instagramで活躍の場が広がった私からアドバイスを送るとするならば、「**まずはInstagramを好きになること**」。

最初から「いいね！」数がたくさんつく投稿である必要はありませんし、フォロワー数を増やすことも考えなくていいんです。

自分自身が楽しめるようなInstagramとの付き合い方を見つければ、きっと世界は広がっていくはずですよ。

ライブコマースのエキスパート
株式会社ウィゴー／SNS担当　花田青空さん

1998年大阪生まれ。
服飾の専門学校に入学とともにアルバイトとして株式会社ウィゴーで働き始める。SNSのフォロワーが多く接客での売上も好調だったので、YouTubeやWEGOの雑誌の撮影、新店オープンスタッフとして、全国各地の店舗を回る。
卒業と共に、そのまま会社の社員に。WEGO公式ファッション団体を結成し、夢に向かって頑張る学生を集めた団体のリーダーとして運営を行う。その後、心斎橋店のSNS担当に就任し、現在に至る。
新型コロナウイルス感染拡大の影響で、お客様の来店が難しい状況の中、現場で接客をしていたことを活かして、インスタライブショッピングや、デジタル接客を行い、1日に2000人ほどInstagramのフォロワー数を増やすなど、売上を作ることに成功している。

持ち前の積極性が新事業への切符を掴むきっかけに

WEGOでは服飾系の専門学生時代からアルバイトとして働き始めて、そのまま卒業後に社員になりました。
アルバイト時代と合わせると4年ぐらい勤めていますね。

実際に働き始めると、自分が抱いていた販売員のイメージとのギャップがあって、**意外とお客様と対話をする機会が少なかった**んです。
当時、まだ専門学校に通っていたので、自身が店舗でアルバイトしていて疑問に感じたことを学校の先生に質問して、それを店舗でのオペレーションにフィードバッグして、**できるだけ自らお客様にお声がけするなど、積極的に接客するように心がけていました**。
その繰り返しは、正式に販売員となった今の私にとって大きな財産になっていますね。

もともと、働いていた現場が関西でも人気のある店舗でしたので、売上に関しては比較的いい方だったと思います。

毎月の売上もコンスタントに伸ばせるようになり、上司からの評価も上がってきたときに、WEGOの中で期間限定店舗をオープンするという企画が立ち上がり、その店を任されるチャンスをいただいたのです。
「いつかは自分の店を持ちたい」と、周りに言い続けていたのも選ばれた理由のひとつでしたね。

そして、そのタイミングで社内のYouTubeメンバーとして活動する機会をいただいたのが、私にとってのデジタル接客の入口です。

私がデジタル接客に踏み切ったワケ

メンバー10人ぐらいでYouTubeのチャンネルを立ち上げて、活動をスタートしたのですが、当時はまだアパレルの企業がYouTubeのチャンネルを作るっていうこと自体が少なくて、業界では先駆けでした。
だから、わかりやすいモデルケースとなる動画がないし、こんなチャンネルにしようっていうコンセプトもあんまり定まらず、結果としては試験的な形で終わってしまいました。

ただ、**ライブ配信をするなどして、社内インフルエンサーを作ろうと模索したり**、デジタルプラットフォームを活用したりして、何かしら私たちの方から**積極的に情報を発信していかなきゃいけない**、という思いは強くしましたね。

そういった経験をしたこともあって、現在、私はWEGO心斎橋エリアのSNS担当になっているのですが、正直、まだまだ同じ店舗に勤務している販売員の中にも、**SNSによるデジタル接客を疑問視している人たちは多い**ですよ。
SNSだと目に見える形で売上を評価できないから、そう思われても仕方ないとは思うのですが……。

投稿する情報を精査して、企画を立ち上げて、動画や写真を撮影して、構成を考えて……と、結構大変なんです。

現在の世間一般的なアパレル企業の考え方だと、フォロワー数や「いいね！」数、保存数ぐらいしか評価対象にならないので、その労力を考えると、店舗で接客して販売して、売上を伸ばす方がいいと考える販売員が多くなってしまうのが実情です。

ただ、新型コロナウイルス感染拡大の影響で、外出自粛要請が出て、店舗営業を休止するようになり、私も含めて**販売員の意識や状況はかなり変わりました**。

お客様は買い物がしたいけど、お店に来ることができない状況になった。

そこで、ご自宅でEコマースとは違う形で買い物を楽しんでいただくために、心斎橋エリアでは**インスタライブショッピングをスタート**したんです。
エリア長の発案に、SNS担当である私たちが、どんな内容だったらお客様の購買欲を高められるか、気軽に見ていただけるかなどを考えて、インスタライブショッピングを企画しました。

内容としては、WEGO心斎橋店のInstagramやTwitter、TikTokの公式アカウントで開催日時を告知して、その日時にライブをスタートするというシンプルなもの。
最近のトレンドや注目アイテム、新作などを紹介し、インスタライブをご視聴いただいているフォロワーさんは、欲しい商品があればライブ画像をスクリーンショットしてDMに送っていただくだけで購入手順へと進められるような形をとりました。

もちろん、ただアイテムを紹介するだけではインパクトに欠けるので、目玉としてワンコインセールを盛り込むなど、**視聴者を増やすための企画も実施**。
店舗での接客と違い、**不特定多数のお客様にオンライン上で接客しているイメージ**なので、進行もこちらのペースで進めていきます。
すべての視聴者のペルソナ設定を行うことは不可能ということもあり、とにかく店内すべてを回り、**より多くの商品をインスタライブで発信することに終始**しました。

店舗で買い物するときって、「靴を探しに来たんだけど、ワンピースを買っちゃった！」っていう感じで購入を決められる場合もあるので、できるだけ、**リ**

アルに店内を回遊しているイメージに近い感じにしたかったんです。
普通に商品やコーデ紹介をするインスタライブは多いですが、店内を回遊しながら、なかにはセール商品もあって、という形が新しかったのだと思います。

反響はすごく大きくて、実際、インスタライブを視聴している人の数も600〜700人ぐらいいたと思います。Instagramのフォロワー数がそのライブショッピングを通して、一気に2000人ぐらい増えたのにも驚きましたね。

また、ライブショッピングを実践してみて、興味深かったのが、**店舗ではモノクロ系のアイテムが売れ筋**なのですが、**インスタライブではカラフルなアイテムが結構売れた**んです。
実物を目の前にするのと、スマホの画面を通して商品を見るのでは、イメージが違うということなんでしょうね。
目にも留まりやすいし、記憶にも残りやすかったのかな、と分析しています。

さらに、こちらのペースでどんどんライブが進行していくから、買うなら即決も必要になるという部分が購買欲をくすぐったようでした。

そして、**デジタル接客には言葉遣いも重要**だと、実際にライブショッピングをすることで学びましたね。
店舗で接客するときよりも、「これは、絶対買いですよ！」のように、はっきりとおすすめであることをお伝えした方がいいし、**お客様のテリトリーにもう一歩踏み込むぐらいの接客が効果的**だと感じました。

WEGOの場合、若年層がメインのお客様ですが、実際にお支払いをするのは親御さんが多いので、商品の良い点や機能性など、お子さんたちが言葉にできないことをちゃんと伝えるようなコメントを心がけました。

リアルタイムのマンツーマン接客に挑戦

外出自粛期間中に行ったインスタライブショッピングを経て、次にチャレンジしたのが、**Instagramのビデオチャット機能を活用したマンツーマンのデジタル接客**です。

InstagramのDMで予約を受け付けて、指名の販売員がいれば、希望をお伺いしておき、約束した日時にビデオチャットでやりとりしながらショッピングをしていただくというもの。
こちらもライブショッピングと同様に店内を回遊していきますが、大きく違うのはマンツーマンなので、**そのお客様の趣味嗜好に合った商品をピンポイントでご提案できる**点。
これこそが、ビデオチャットのメリットです。

ただ、このデジタル接客は、お客様自身が予約をしないといけないということもあり、ライブショッピングよりは参加された方は少なかったですね。
これが何を意味するのかというと、販売員の中にもSNSをいまいち信用しきれていない人がいるように、**お客様の方もSNSに対して苦手意識がある**ということ。

お客様にとっても、インターネット動画やテレビと同じように、いち視聴者になるのは得意ですが、自分からアクションを起こすのはなかなかハードルが高いということを実感しました。

一方で、ビデオチャットのデジタル接客を申し込んでいただけるお客様は、購入率が高いので、購入を決められた商品に対して、「それだったら、こちらを合わせてみては？」といった、さらなる提案という点では、やりやすかったですね。

事前のDMのやりとりを通して、大まかにどんなアイテムが欲しいのかなどを**ヒアリング**。
当日にデジタル接客を担当する販売員は、お客様のアイコンや過去の投稿などをチェックして、**ペルソナ設定をしておきます**。

この事前準備で、お客様のニーズに合いそうな商品を提案していく。
これは、デジタル接客の中でもビデオチャットを用いたリアルタイムのマンツーマン対応だからこその魅力だと思いますね。

新型コロナウイルス感染拡大の影響で、店舗で売上を生み出すことができなかった時期だからこその取り組みでしたが、デジタル接客に触れるという観点ではプラスになったと思っています。

というのも、インスタライブショッピングの実施が決まったとき、**当初はほかのスタッフから積極的に参加の意思は感じられなかった**んです。
これは先ほどもご説明したように、SNSに対して苦手意識があったり、どれだけ頑張っても、現在の会社の基準では自身の評価に繋がりにくかったりという理由から。

でも状況的に、ご来店いただく以外のアクションを何か起こさないとまずいというのは、みんな理解していたので、**とにかく始めてしまおう**と、企画を立ち上げたんです。
やり始めてから、少しずつ協力してくれるスタッフが増えたらいいな、ぐらいの見切り発車ですね（笑）。

インスタライブショッピングではワンコインセールが一番のフックになるので、その告知をTikTokで行ったんです。
そうしたら、それがめっちゃバズって、コメントやDMをたくさんいただけました。
DMだけで1000人以上はあったかな？

そこまで反響があれば、こっちのもの。
今までデジタル接客を敬遠していたスタッフも、徐々に興味を持ってくれるようになって、協力者が増えてきたんです。

前述したように、もともとSNS担当とそれに参加していないスタッフたちの間で、デジタル接客に対して温度差があったのは事実。
そういった意味では、とにかくやってみて、どのような売上や効果があるかを実体験できたというのは、私も含めて、大いに意味のあることでした。

逆境に負けずSNSという新しい波に乗ることが鍵

まだまだ、実績としては行った回数が少ないし、特別な環境下だったため、純粋な評価はしづらいと思います。
でも、**外出自粛期間中に行ったインスタライブショッピングでは、店舗の平均的な売上と比較すると、1時間で6～7倍になった**と思います。

そういった実績を考えると、私は**ライブコマースでのデジタル接客の可能性は、かなりある**と考えています。

もっとインパクトのある企画を立ち上げたり、バズるポイントを押さえたりすることができれば、たくさんのカスタマーを取り込めると思うのです。

アパレルや飲食などジャンルを問わず、多くの店舗が苦しんでいる昨今ですが、SNSを日々チェックしている私が見る限り、**少しずつ以前と同じような状態に戻りつつある店というのは、SNSを中心としたデジタルプラットフォームを上手に活用できているところ**だと感じています。

デジタル接客は、まず顧客の"見える化"対策をしていないと難しいので、たとえ資本が大きい世界的な企業でも、顧客管理ができていないブランドは苦戦したりしています。

一方で、フォロワーという顧客管理ができていて、**それぞれのお客様が「今、何を求めていて、どんな企画やサービスを実施すれば喜んでいただけるのか」といったことをしっかり把握**できていれば、小さな店舗でも以前と変わらず、売上を維持することができる。

これからは、ただリーズナブルで、トレンド感がある商品だけを販売していっても、店舗を存続させるのは難しいと思います。
店舗の方から、どんな店なのかがお客様により伝わるように工夫し、私たちはお客様の"見える化"(ペルソナ設定)に力を入れていく。

それを実践できているところが生き残っていく時代になっていくのかなと感じ

ています。

ライブコマースによるデジタル接客の可能性

店舗での経験があれば、たとえオンライン上でも、お客様の趣味嗜好がイメージしやすいというのが私の考え。
つまり、**来店されるお客様ごとに変えている普段の接客が、オンライン上でも実践できる**ということです。

ただ、そのためにはまず、**自分自身がSNSを楽しむこと**が大切だと思います。
見て楽しむだけじゃなくて、**自分のSNSのアカウントで、とにかくたくさんの投稿をして、それに対してどんな反応があるのかを探ってみる。**

フォロワー数が増えたり、「いいね！」数が多くついた投稿があれば、何がポイントだったのか考えたり。
そうすると、どんどんSNSが楽しくなってくるし、その経験を店舗のアカウント運用にも活かしていけると思うんです。

実際、私は自身のSNSのアカウントで積極的に投稿してきたので、苦手意識なく、デジタル接客を受け入れることができました。

InstagramやTwitterで気になるワード検索もよくするのですが、その際自分が検索した内容の傾向を覚えておき、店舗のSNSアカウントで投稿するときに、**検索に引っかかりやすいハッシュタグをつけるように意識**しています。

特にInstagramは検索できるワードが一度にひとつだけなので、できるだけ多くの人の検索に引っかかるようなハッシュタグを考えた上でつけないといけない。
でも、これって誰かに教えてもらったり、本で学んだりしたことじゃなくて、実際に自分がSNSに投稿したり、情報を得たりする中で、自然と身につくことなんですよね。

みんながチャレンジできるSNS運用ですが、本当の意味でオンライン上でのコミュニケーションに参加できているかを、一度考えてみて欲しいです。
視聴者になるだけでも楽しいかもしれませんが、これからデジタル接客に取り組んでいきたいと思っているなら、**自分から投稿**したり、どんなことが今のトレンドになっているのかといった**情報を自らつかみにいったりしないといけない**と私は思います。

デジタルのトレンドの移り変わりは、ファッション業界に比べてかなり速い！
“フォロワー＝顧客”と捉え、「どんな投稿をすれば反応があるのか」「どんな企画に需要が高まっているのか」など、**しっかりとフォロワーの管理ができている店舗や企業に追い風が吹いている今**。

昔のように店舗で接客して、商品を販売すればいいという時代は、もう終わろうとしているのかもしれませんね。

デジタルを使いこなしている人たちは、難しいことをたくさん知っていたり、そもそも横文字の言葉に強かったりするのではと勝手に思っていましたが、スタートした時は、今の私と本当に同じだったんですね。

どこか特別感があるんじゃないかって言っていたけど、そんなことはなかったよね？

はい、先入観でした……。

自分のこれまでの歩み方やノウハウを披露してくれた3人も、最初はスマホを使うことぐらいしかしていなかった。
でもこの本のLesson0で伝えた通り、日ごろスマホを使いこなしていること自体が、すでにデジタル接客の素質を持っていると言えるんだ。
今まで自分のために使っていたスマホを、お客様との新しい接点の場として活用してみたことがきっかけだと、わかってもらえた？

普段、店で頑張っていることを、スマホを使ってオンライン上に置き換えただけだと、よくわかりました。
デジタル接客に対してどうやってアプローチしてきたのかを、順を追って聞けたことで、今まで習ってきたことにリアリティが増しました。

そういう視点から3人の話を聞いてくれて本当に良かった！
それぞれ接客方法も、使っているデジタルプラットフォームも違うけれど、店舗と同じように“どうやってお客様に喜んでもらうか？”を真剣に考え抜いているよね。

オンライン上でも店舗でも、お客様のことをどれだけ考えられるのかということが、一番重要なのですね。

うん。
そこは絶対に変わらないし、販売員であるなら最も大切にするべき思考だよ。

デジタル接客にチャレンジしながら、店舗での接客も、もっと頑張らないといけないなって燃えてきました！

その意気だよ。
自分の可能性は決して狭めず、時代に合わせた成長を目指していこう！

Lesson 8

販売員の未来はスマホにあり！

Lesson 8

最高の売上はスマホひとつで本当に手に入れられる

さぁ、7つのLessonを通して、デジタル接客のことを解説したけど、どうだったかな？
自分にもできそうな気がしてきた？

勝手にハードルを上げていたのは私だったのだな、とハッとしました！
それになんだか、今までの自分って視野が狭かったんだな〜としみじみ……。

具体的にはどう広がったように思う？

今までは、目の前のお客様に満足していただくことと、店舗の中で誰よりも売上を取ることばかり考えていました。
それも間違いではないと思うものの、日常の当たり前の業務に必死になりすぎていて、時代に追いつけていなかったなぁと……。
「デジタル」「オンライン」といった類いの言葉を、難しいものと思いすぎていたと反省です。

大丈夫、大丈夫。
店舗に勤務しているなら、その感覚が当然だから。

でも今は、すごく前向きです！
ヨツモトさんのLessonを通して、私はただのデジタルアレルギーだったんだと気づけました。

もう克服できてると思うよ！
デジタル接客が実は言葉のイメージほど難しくなく、これまでの経

験を置き換えることで基本は成立するんだなっていうのを理解するのが大事なんだ。

そこですよね。
店頭でやっていることを「置き換える方法がわからないなぁ……」「難しそうだからやらなくていいかぁ」って後回しにしたり、投げ出したりしちゃうのが一番ダメだと痛感しました。

特に2020年の新型コロナウイルス感染拡大を境に、アパレル・コスメ業界のあり方は大きく変化していっている。
何より店舗でリアルにお客様と対面することがはばかられる世の中というのは、販売員にとって逆風でしかないよね。
だから今こそ「面倒くさそう」の一言で片づけていたデジタル接客が、業界の未来を切り開く鍵なんだ。

正直、ちょっと暗い気持ちになっていたのは事実です……。
でもこの気づきを手に入れた販売員は、私も含めて、「自分のやっている仕事の可能性はまだまだ無限大だ！」って、すっごく前向きになれます！

そうなってくれたら、本当にうれしいな。
僕はアパレル販売員をいつも全力で応援したいからWEBメディア「Topseller.Style」を立ち上げたし、ファッションで人を幸せにしたいひとりひとりを全力で支えたい。
そして、販売員たちがもっと自分の仕事に誇りを持って、店での日々の業務が"誰にでもできそうでできないこと"だと伝えたいんだ。
ちなみに、少し突っ込んだことを聞くけれど、今回学んだことを現時点でどう活かしていきたいと思ってる？

まずは、個人もしくは店舗のブログの運用を日々の業務に組み込んで、店舗だけでは積み上げられない売上を、Eコマースへ繋げることで生み出したいです。

お〜！
すごくやる気になってるね！

自分の“見える化”・ペルソナ設定・FFB分析、この3つをしっかり実践して、デジタル接客を行えば、画面の向こう側にいる数え切れないほどの新規のお客様たちも顧客化していけると思うので！
それが自分の評価にも繋がりますし……。

努力は、必ず評価にフィードバックされるよ。
そしてブログで得た知見を、次は別のデジタルプラットフォームにも活かせる。
例えばInstagramとかね。

はい、Instagramをはじめとする SNSへの考え方は、本当に大きく変わりました！
インフルエンサーになんてならなくてもいい。
そして、始めたときにフォロワー数がいないのは当然で、投稿の積み重ねで獲得していくもの！

ご名答！
最初は「デジタルなんて興味ありません」なんて顔をしていたけど、ここまで話してきた甲斐があったわ〜（涙）。

これは私の勝手な捉え方だとは承知していますが、デジタル接客に向けて育てるデジタルプラットフォームって、Instagramでも STAFF STARTでもそうですけど、「人の育成に似ているな」って思い至ったんです。

ほほう、新しい視点だね！

店舗に新しい子が来たときに必ず伝えていることがあるんです。
初めはできないのが当たり前、結果もすぐには出ないけど、毎日ちょっとずつ経験値を上げていくと、1ヵ月もすればコツがつかめてくる！

同じことを反復すると、良かったところ、悪かったところが自ずと見えてきて、次に繋がるんだよって。
これを理解してもらえると、すごく成長が速くて、「この人の育成に成功したな」と心から思えるんです。
新人を育てるときの意識を、自分の新しいことへのチャレンジに対して向けたら、なんだかストンと納得できたんですよね。

確かに通じるところはあるね。
テクニカルなことだけでなく、そういった観念・イメージ・意識もデジタル接客に持ち込めたら、きっととんでもないスピードで成長できるんじゃないかな！?

ここで学んだことを自分の力にするのはもちろんですが、ほかの店舗スタッフにも共有して、みんなで成長していきたい！
私の店舗の売上全体を一気に底上げしたいです！

最後に一番大切なことに気づいてくれたね！
その言葉を出してくれてありがとう。
自分で実行することは当然大切だけど、今いる店舗の仲間、さらには全国の店舗で頑張っている仲間と共有して、良い連鎖を作っていけば、その会社の未来がもっと明るくなってくるんだ。
この本を読むことで、デジタル接客に対して「なんだ、意外と店舗の接客をそのまま活用できちゃうじゃん」とアレルギーが少しでも払しょくされて、「まだ周りの販売員が積極的に取り組んでいない段階で結果を残せたら、トップ販売員になれるチャンスかも？」とチャレンジしたい気持ちになってくれたら、本望です！

その思い、しかと受け止めました！

よし、じゃあさっそくスマホをひとつ、手に取ろう！
店舗での対面接客をオンライン上に置き換えよう！
画面を通して最高の売上を作ろう！
“販売員”という自分の仕事に誇りを持ち、未来にワクワクしよう！

Point!

最後にこれだけ！ 総まとめ

- 商品を販売する場所が実店舗からEコマースなどオンラインに変わることで、お客様の買い物の仕方も変わってくるが、画面上で対する相手は変わらずお客様であるという視点を常に持つ
- デジタル接客をする準備として、まずは「今のあなた」を“見える化”するところから始める
- “文字に起こす”=“見える化”の習慣こそ、デジタル接客における最強の武器
- 店舗で数多くの接客をしてきた販売員は、架空の設定ではなくリアルなペルソナ設定ができるので、それをしっかり踏まえていれば、画面の向こう側にいるお客様にも店舗と同等の接客ができる
- これからは、店舗とEコマースの両方の売上が評価される時代に突入するため、どちらの場面でも接客力を活かせる人がリードしていく
- SNSでデジタル接客をする際の目的は、フォロワー数を増やすことではなく、商品を買ってもらうこと。そのため、インフルエンサーになろうという意識は捨て、より商品のことが伝わる投稿を意識する
- デジタルプラットフォームに接客の場を移しても、お客様のニーズを満たし、「またあなたから買いたい」と思ってもらえる販売員になることを忘れない
- デジタル接客になると、途端に押し売りをしたり、フォロワー数を増やしたくて利己主義に陥ったりする人が多くなるため注意。利他主義を大切にする
- ストック型とフロー型のさまざまなデジタルプラットフォームを使いながらデジタル接客を行っていく

- ストック型のメリットは、一度投稿したものはずっとアカウント上に残るため、しばらく経ったあとでもお客様がその投稿を見る機会があれば、売上に繋がる可能性を秘めていること

- フロー型のメリットは、相互のやりとりが発生するため店舗で接客する感覚に近いこと。リアルタイムでお客様とコミュニケーションをとれるので、いい接客をすれば相手に対して印象を残しやすい

- 店舗に勤務しながらデジタル接客を行っていくためには、スケジュール管理がとても重要

- ストック型は、企画から実際に投稿する日までに準備期間が必要となる。先に投稿日を決定し、それに合わせて逆算してスケジュールを組んでいくとスムーズに進められる

- フロー型は、自分のシフト表を確認し、出勤日に合わせてアポイントを入れ、あらかじめお客様にヒアリングしておくことでニーズを予想し、商品に目星をつけて在庫チェックなどを済ませておく

- 販売員がデジタル接客をしやすい環境をあらかじめ整え、Eコマースの売上に貢献した場合、正しく評価に繋げる画期的なサービス「STAFF START」なども登場している

- スマホを日常でなんなく使うことができているのならば、すでにデジタル接客の素質を持ち合わせていると言っても過言ではなく、今までプライベートで使っていたスマホを、お客様との接客ツールに変えるだけで、販売員の可能性はぐっと広がる

- デジタル接客を販売員が導入すれば、地方の店舗に勤務していようと、路面店の小さな店であろうと、全国のお客様にお買い上げいただくチャンスを等しくつかむことができる。つまり、働く場所に関係なく売上を作る時代が到来する

- 最初はわからないことや、逃げたくなることもあるかもしれないけれど、デジタルアレルギーの状態からひとつずつ解決して、さらに学んで、実行すれば、誰でも活躍できるのがデジタル接客の良さである

Column

教えてヨツモトさん！ 販売員のよくあるQ&A

Q1 デジタル接客でなかなか結果が出ないときに、あきらめないメンタルを保ち続ける方法はありますか？

リアルの店舗の時も同じですが、買うか買わないかを最後に決めるのはお客様。
なので、売上という結果が出なくてもめげないでください。
「常により良い提案をお客様にできているか？」という振り返りこそ一番重要です。
その提案がしっかりできていれば、おのずと結果もついてくる。
僕はいつもそう思っています。

Q2 店頭とデジタル接客での対応の違いや、効果的なセールストークはありますか？

デジタル接客をするときには、店頭接客と違って時間の制約がある場合が多いので、セールストークは“ベネフィット”から話せるようにしましょう。
お客様にどんな価値があるかを明確に伝え、興味をつかんだうえで、その理由を伝えていくようにしましょう。

Q3 アパレルでのデジタル接客の場合、店頭と違って試着ができない分、クロージングが難しそうです。上手にクロージングができるコツを知りたいです！

お客様が頭の中で商品を着用しているイメージができるよう、正しい言葉を伝えることが重要です。
またサイズ感を理解してもらうために、商品スペックだけでなく、モデルとなる販売員の身長や、普段着用しているサイズなどを必ず記載するようにしましょう。

Q4 デジタル接客を取り入れるにあたって、お客様側でハードルを感じる方もいるかと思います。今までご来店いただいていたお客様へ新たな接客法を促すために、何か注意すべき点、効果的な方法はありますか？

できるだけお客様が日常的に使用しているデジタルプラットフォームに合わせて始めましょう。
LINEはほとんどのお客様が使用しているので、まずはチャットからスタートするのはどうでしょうか。

Q5 お客様と1on1でデジタル接客したいとき、お客様にはどうアプローチしていけばいいですか？

リピートのお客様にしても新規のお客様にしても、いきなり「Zoomでテレビ電話しませんか？」はハードルが高くなります。
そのため、まずはお客様が普段使っているデジタルプラットフォームをヒアリングし、そこから入りましょう。
そして、デジタル接客のお客様のメリットである「移動しなくていい」「荷物を持って帰らなくていい」「他の人の目を気にしないでゆっくり接客を受けられる」このことをしっかり伝えしましょう。

Q6 デジタル接客に消極的な職場なのですが、先輩方を巻き込んで、みんなで楽しく積極的に取り組んでいきたいです。働きかけていく方法はありますか？

会社に許可なくお客様とのやり取りをすること自体がNGの場合がありまよね。
店舗の同僚がデジタルアレルギーということも。
その際は、自分のお客様をモデルにしたペルソナ設定を行い、自分のInstagramアカウントに投稿するところから始めましょう。
まずは自分でスタートし、少しずつ結果を積み上げ、周りを巻き込んでいくスタイルがオススメです。

おわりに

この本を書き始めたのは、世界的パニックを引き起こしている新型コロナウイルス感染症（COVID-19）により、全都道府県に緊急事態宣言が発出され、全国的に自粛期間に入る直前でした。

必要最低限しか外出できなくなり、同時にアパレル店舗だけでなく、全国の小売店や飲食店が営業を自粛するという、今まで誰も経験したことのない状況下でした。
緊急事態宣言は解除されましたが、今もウイルスの脅威は依然として残ったままです。

緊急事態宣言期間中に営業自粛を余儀なくされた小売店は、例外なく大きなダメージを受けました。
業界最大手のオンワード樫山が既存店舗数を半分にスクラップするニュースに激震が走ったと思ったら、その後も、経営破綻するメーカーが相次ぎ、アパレル業界は大きな岐路に強制的に立たされています。

客足はいまだに正常に戻らず、多くの店舗が苦しんでいます。
同時に自分の店舗や会社が「もしかしてなくなってしまうかもしれない」という不安を抱えた販売員や、実際に会社がなくなってしまい、急に未来が見えなくなってしまった人も大勢います。

そんな状況の中で、一気に躍進したのがEコマースでした。

自粛期間中に利用したEコマースでの買い物に慣れたお客様は、今後もそちらでの買い物が主流になってくることも予想されます。
商品の探し方も、Instagramやブログ、ライブコマースを積極的に利用するようになるなど、お客様サイドの動きが目まぐるしく変わっていくことでしょう。

今までアパレル業界の勝ちパターンだった「良い場所に出店し、良い人材を配置し、良い商品を並べる」のうち、最初の「良い場所」が、そもそも通用しなくなってきています。

店舗で9割の売上を確保できていたために、あぐらを掻いていたアパレル各社が、Eコマースをはじめとするデジタル対応に急ぎ舵を切り出したのも、それが大きな理由です。

僕が予想していた3倍以上の速さで、デジタル化は進んでいます。
不安を抱えるヒマもなく、店舗の販売員たちは順応していくことを求められるでしょう。

でも、号令はかけられるけれど、店舗で売上の9割を作ってきた会社がほとんど。
そもそもデジタルに明るい人材は少なく、控えめに言っても得意ではない人が、さらに苦手意識を持った現場の販売員に教えていくという構図が生まれるのは目に見えています。

これではうまくいくどころか、店舗はより混乱し、疲弊していくことでしょう。

早急にデジタル化を進めないといけないからこそ、遠回りに見えても、まずはデジタルアレルギーを丁寧に取り除き、興味を持ち、知識を吸収できる土壌を作ることが重要になります。
このひと手間をすっ飛ばして、号令だけのデジタル化を進めれば、うまくいく可能性は低いと言わざるを得ません。

日に日にシリアスになっていく世の中を横目に、“だからこそ1日でも早くこの本を届けなければいけない！”という気持ちがパワーとなり、ここまで書き上げることができました。

山のように出ているデジタル関連の本は、当たり前ですがIT業界で実績を積み上げてきたプロの方々が手掛けたものが大半です。
非常に有益な情報が数多く書かれていますが、販売員にとっては難しく思えたり、あまり必要でないかもと感じたりする部分も多いでしょう。

僕はデジタル領域でプロとして経験を積み上げてきたわけではありませんが、店舗での対面接客というアナログ領域で販売員の経験を積み上げてきた中では、デジタルをある程度理解し、活用できている方だと思います。

そんな僕から、同様の環境で経験を積み上げてきたあなたに、必ず覚えていて欲しいこと。

「デジタルは何かの拡張でしかない」

これは僕が尊敬するマーケッター兼アーティストの言葉です。

デジタルは難解な数学でも科学でもなく、積み上げてきた経験を拡張させ、より多くの人に届けるためのツールでしかありません。
デジタル化は、何かを拡張させるために行うのです。
その「何か」が一番重要であって、そこを見失ってデジタルという言葉だけに踊らされないでください。

店頭に立つ販売員の持つ強みは、お客様の困っていることを解決するスキル。
悩みを解決し、時には新しい選択肢もお伝えして、お客様を幸せにするのが接客です。
その接客をより多くの人に届けるのがデジタル接客です。

今のあなたこそが、これからの時代に多くの価値を届けるために必要な人材であることを忘れないでくださいね。

この本の中では、さまざまなLessonを通して、デジタルアレルギーを持った販売員が成長していく姿を少しコミカルに書き進めています。
でも、世の中の状況と照らし合わせてみると、ここでお伝えしたLesson内容を、ぜひ真剣に、そして急速に、たくさんの販売員が取り組んでくれたらいいなと願うばかりです。

ここまで読んでくれているあなたは、販売員ですか？
それとも店舗に関わる人ですか？

どちらの方も、読んでくれてありがとう。
あなたがこの本を手に取って、少しでもデジタルへの苦手意識がなくなり、新しい選択肢を手に入れ、かつてない最高の売上を作り、業界の明るい未来を切り開く１人になってくださると、うれしいです。

5年前までは文章を書くこともままならなかった僕が、この本を執筆できることになったのは、本当に多くの人たちが周りにいてくれたからです。
最後に改めてお礼を伝えさせてください。

企画をこうして書き上げることができるライティングスキルを身につけられたのは、Topseller.Style & WebStyle（トプセラ）を読んでくれている読者の皆様がいつもいたからこそ。
ありがとう。

そしてトプセラを一緒に作ってくれる仲間が、いつもサポートをしてくれていたのも忘れることはありません。
アパレル業界のさまざまな分野において、現役でプロフェッショナルな活躍をしているメンバーです。
このメンバーと出会い、新しい知識を僕も多く学習でき、実際にこの本の中でも活かされています。
現在執筆しているメンバーをご紹介しておきますので、この本をさらに使いこなすための知識をここから盗み取ってください！

Topseller.Style & WebStyle @TopsellerStyle
深地雅也 @fukaji38
谷口玲 @rt_homme
齋藤和幸 @kazusanvmd
CANA @cana_12931
藤村淳一郎 @jun_fashionec
Naru @Naru61075850
武藤勇樹 @mutocoffeestand
森岡裕之 @hirooo0114
吉田直哉 @naoya0115BC
鶴戸茉利 @mari1010t
艸谷真由 @may_ugram
深谷玲人 @fukaya_reito
SHUN-TALOW @shuntaronanoda
Kei @gmnyc_k
小林早紀 @sa__topseller
小菅由馬 @kosu_style
ひな @hinano0213_
ちーちょろす@lingerie1108
桂Jasmine茉利子 @JasK_official
野田大介 @KURUZE
新井茂晃 @mistertailer
飯塚はる香 @haruka_bangla
MS @UTAKA1978
山本晴邦 @HARUKUNI_Y
斉藤まさみ @masapopopo0201
エヌケン @march__2
じーたー @jii_taa0607
腹筋ローラー @morobiz
池 宏明 @hiro490301

※名前横の@はTwitterアカウント名です

メンバーのみんな！　いつもありがとう！
そして、これからもよろしく!!

加えて、もう１人。
５年前に僕がライティングを始めるきっかけを作り、一番最初に基礎を教えてくれた人物。
FACTDEAL inc. の服部慎也氏。

気がつけば出版までできるようになったのも、あのときに書き始めたからです。
ありがとう。

そして、サポートしてくれている家族へ。
独立起業してからの10年以上、陰で支えてくれていたからこそ、この本を書き上げることができました。
ありがとう。
これからも、よろしくお願いします。

最後に、この本を手に取ってくれたあなた！
本当にありがとう！

この本が、あなたの人生のちょっとした変化のきっかけになりますように。

Topseller.Style & WebStyle

スマホひとつで
最高の売上をつくる接客術

2020年9月26日　初版発行

著者　四元亮平
発行者　青柳昌行
発行　株式会社KADOKAWA
〒102-8177　東京都千代田区富士見2-13-3
電話 0570-002-301（ナビダイヤル）
印刷所　凸版印刷株式会社

本書の無断複製（コピー、スキャン、デジタル化等）並びに無断複製物の譲渡及び配信は、著作権法上での例外を除き禁じられています。また、本書を代行業者などの第三者に依頼して複製する行為は、たとえ個人や家庭内での利用であっても一切認められておりません。

●お問い合わせ
https://www.kadokawa.co.jp/（「お問い合わせ」へお進みください）
※内容によっては、お答えできない場合があります。
※サポートは日本国内のみとさせていただきます。
※Japanese text only

定価はカバーに表示してあります。

©Ryohei Yotsumoto 2020 Printed in Japan
ISBN 978-4-04-064949-8　C0034